日本专家创新企业管理书系

产品开发
可视化工具应用
99招

製品開発の「見える化」99

[日] 北山厚　星野雄一　矢吹豪佑　著
　　　　　　　　　　　陈逸超　译

机械工业出版社
CHINA MACHINE PRESS

"产品开发"是企业最需要做好的"正确的事情"。要做好产品开发,可以在丰田的"精益管理",特别是其中的"可视化管理"中找到帮助。本书介绍了 99 个可视化工具,这些工具对企业而言简单实用,是企业发掘市场机会、打开价值金矿的一把钥匙。

本书首先对产品开发的本质进行了分析和概要描述,然后聚焦于产品开发可视化,从"6 大方面 99 招"分门别类地进行了阐述,包括可视化你的战略(16 招)、可视化你的计划(19 招)、可视化你的设计方案(31 招)、可视化你的过程管理(15 招)、可视化你的项目管理(12 招)、可视化你的组织和人才(6 招)。

应用本书中的可视化工具,一定会让企业的产品开发效率和产品质量得到巨大提高,可帮助产品开发人员提高工作效率、创造更好的绩效;可帮助企业提升管理质量和成效;可帮助经营者构建更具价值创造力的企业。

Original Japanese title: SEIHIN KAIHATSU NO "MIERUKA" 99
Copyright © Atsushi Kitayama, Yuichi Hoshino, Gosuke Yabuki 2014
Original Japanese edition published by JMA Management Center Inc.
Simplified Chinese translation rights arranged with JMA Management Center Inc.
through The English Agency (Japan) Ltd. and Shanghai To-Asia Culture Co., Ltd

本书由中文版版权所有者授予机械工业出版社出版与发行,未经出版人事先书面许可,对本出版物的任何部分不得以任何方式或途径复制或传播,包括但不限于复印、录制、录音,或通过任何数据库、信息或可检索的系统。

北京市版权局著作权合同登记　图字:01-2020-4416

推荐序一

中国的读者朋友们，在本书的中文版出版之际，我很高兴和大家谈谈我对本书的一点想法。

在丰田工作的 40 多年里，我一直从事研发工作，曾负责过发动机开发、生产技术开发、汽车新品开发。早期，我在担任雷克萨斯商品企划部部长期间，主持了雷克萨斯汽车的整体开发工作。随后，我又担任丰田汽车专务董事，作为研发总负责人领导丰田汽车公司研发工作，主导过混动汽车、氢燃料汽车、电动汽车、电池以及软件系统的开发工作。

介绍这一段经历，是想告诉大家，我这一生一直和开发与创新打交道，所以对于本书内容有着深切的体会和感悟。

我深知："创新"是繁荣之母，是推动可持续发展和高质量发展的动力之源，而产品开发就是企业驱动持续创新的手段，所有企业必须持续关注创新活动，有效推进开发工作。

回顾这几十年，在工作中我确实面对了太多的挑战和无解之题。为了追求成为"NO.1"或者是"Only 1"，我和我的团队经历过那么多的苦苦思索和无眠之夜。也是这份对创新的执着与热爱，让我们在历经艰辛后，饱尝成功的喜悦。通过回顾这些年的成功和失败经历，我越发觉得，一个真正的领导者，除了能高瞻远瞩地发现新机遇外，还必须能够激发和管理团队的创新。然而，无论是"前瞻性"，还是"创新的激发与管理"，显然都绝非易事。

因此，当本书译者陈逸超院长向我征求对本书意见时，我读了以后立刻回复他：这的确是一本值得加以推广的书。同时我想，如果在早期工作时，我就能了解并熟练掌握本书的内容，一定会少走很多弯路。

这本书谈到的"可视化"管理，是丰田生产管理方式（在中国通常被称为精益管理）的核心方法和系统工具。我在工作初期，并未对它理解得很深刻，是在经历过无数次的摸索、试错和改进后，才领悟到"可视化"的价值和不可或缺性。

这本书系统、详实地阐述了"可视化"管理，感谢作者做了非常有意义的工作。相信这本书能够帮助大家建立"可视化"思维，学会在不同场景中灵活应用可视化工具，推动企业通过丰田精益管理方法开启利润金矿大门。

丰田经营管理方式通过消除"不经济，不合理，不均衡"，最终实现提高品质的目标。具体到研发创新上，有种"杠杆性"的影响特别显著：研究早已证明，70%的问题和成本，是在开发阶段被"设计"出来，后期企业需要投入很大精力和成本去改善它们。因此，消除开发创新中的浪费尤为重要。

说到这里，也许大家会感到很困惑，开发工作不就是一个反复试验的过程吗？连续试错是必不可少的，如何才算是避免浪费呢？其实真正的"开发浪费"主要是指"纯粹的错误"，以及由于错误而产生的返工或等待等问题，这个比率实际上是非常高的。而熟练应用可视化管理，就可以让开发团队有效规避并消除开发活动中普遍存在的各种浪费，提升效率和质量。

可视化管理，对于企业有什么好处呢？

第一，可视化可以帮你区分"自己知道的""自己不知道的"

和"信息不足的",通过这个梳理过程,你能清晰地判断出下一步应该做什么。

第二,可视化推动信息和智慧在组织内部共享和传播。可视化是将个人智慧转化为组织智慧的过程,企业最后可以将多种智慧和知识应用于本企业发展。

第三,可视化能够实现清晰追踪溯源、快速总结纠错。业务过程中如果有失败,或者没有按照预期目标执行,能够及时发现问题,快速调整。

可视化还有其他很多优势,读者朋友们可以从书中内容获取。我要强调的是,读了本书只是一个开始,关键是要在实践中灵活运用。本书为读者朋友们提供了系统性的阐述,可结合自己的工作场景,思考如何利用这些工具方法,提升工作绩效。

期待本书为你打开一扇智慧之窗。

小吹信三

丰田汽车原专务董事,研发总负责人

推荐序二

新一轮数字化技术正在快速重构世界，跨界融合，技术创新，变化在不断地发生着。正如管理大师彼得·德鲁克先生描述的，继现代工业革命之后，人类社会正进入到知识社会。

这种变化于企业而言既是挑战，也是千载难逢的良机，"知识"已经成为最基本的经济资源。价值创造的主要源泉不仅仅是生产所需的"资本"和"劳动力"，还包括"生产力"与"创新"，而这两者都基于知识的产生和知识的应用。不得不说，知识已经成为一种资源，一种实用利器。

要注意的是，企业本身并不创造知识，个体才是创造知识的主体。有价值的知识一直存在于员工的大脑中。企业需要做的是把个体大脑中的知识"调"出来，"结晶"、固化，并转换为其他人也能利用的知识。要实现这个目标，必须通过个体之间的共享，让知识在团队、部门、组织层面汇聚、成长、发展，并不断进化，最终实现创新。

当前，企业持续创造知识、管理知识的能力已成为企业竞争力的核心。那么，如何强化创造知识、管理知识的能力，就变得尤为重要了。纵观管理的发展史，很多成功的企业提供了可借鉴的样本，产生了许多"最佳实践"，其中发源于日本丰田汽车公司的精益管理体系，正是系统性打造这种能力的佼佼者。

精益管理是对丰田生产体系经验的总结与提升，集成了众多行业和领域的丰富实践经验和深刻管理思想，是全球众多企业广

推荐序二

泛实践的智慧总结。

可视化是"精益管理"的关键方法之一，是驱动持续改善和业务创新的有效方法。数字化时代的企业经营，不仅要求做正确的事，而且更加强调正确地做事。仔细查阅近代脑科学的研究结果，可以了解到"可视化"是符合人脑需求的获取知识、交流知识、沉淀知识的方法。研究表明，人类可以利用大脑最擅长的图形信息识别能力，来快速获取信息、识别问题、预测风险。这是人类在漫长进化过程中培养起来的特有技能，其处理速度和有效性远超文字处理能力。所以可以说，"可视化"从实践和理论上看都是知识创新时代企业与个人成长的必由之路。

本书的作者团队着眼于产品开发的新形势、新特点，通过99种产品开发可视化工具，说明如何激发开发人员创新思维，如何高效地将创意传递给团队，进而将抽象的理念具象化，实现知识在企业内的有形化和价值化，以帮助读者正确理解精益产品开发及可视化工具的应用。

需要指出的是，本书译者陈逸超先生现为上海交大教育集团精益管理学院的执行院长，作为精益管理专家，他带领丰田精益专家调研和服务了上千家企业。基于长期的理论研究和服务企业的实践经验，他深得精益管理之妙，使本书的译文流畅易读。相信不仅从事产品开发的专业人士会从阅读本书中受益，企业经营管理人士和从事管理研究学习的专业人士也会得到收获。

朱宏任
中国企业联合会、中国企业家协会常务副会长兼理事长，
工业和信息化部原总工程师
2021年10月18日

译者序

接到机械工业出版社李万宇老师翻译此书的邀请时,我毫不犹豫地答应了。因为我认为这本书对于很多中国企业和在职场里征战的脑力工作者们很有价值。

我常年从事精益管理方面的研究和企业教练与辅导工作,调研或指导过超过 1000 家企业。我深刻地感受到企业成长过程中有两大掣肘问题:信息偏差导致的执行偏航,产品开发失误导致的持续性浪费。而且这两个问题,经常叠加发生,让企业面临困境。

当我们审视企业改善创新课题时会发现,70%以上的问题源于设计开发阶段。丰田汽车原常务执行董事牛山雄造先生经常说:设计开发是企业经营的"源头管理"。

例如,产品开发设计时通用零部件使用比例低,会导致生产时采购零部件的种类增多,库存上升,管理难度提高,从而直接影响制造成本和质量控制,并最终大量增加企业经营成本。在产品开发阶段,是什么导致了思虑不周呢?

例如,企业在复盘产品销量不佳问题时,往往停留在营销推广力度不足、设计不美观等层面上。我不否认这些问题很重要,但在商品企划和产品开发阶段,是否就做到了"不是做你想做的",而是"做市场想要的"呢?

以上两个常见问题经常会被归因于"各自为政""部门墙",或"研发人员欠缺市场思维"。然而,当我们分析一款能为企业带来可观收益产品的诞生过程时，会发现事情并非如此简单。企业必须要从市场潜力、收益性、功能性设计、可制造性和可装配性等方面做好缜密企划，还必须考虑材质、工艺、便利程度、经济性和环保性等诸多课题。这个过程，是"个体智慧"转化为"组织智慧"的过程，是"知识"创造为"产品"的过程。要完成这两个复杂的过程，企业需要优秀的管理系统，特别是优秀的信息管理方法。

在研究精益管理的过程中，我欣喜地发现，精益管理中的可视化管理是解决这些问题的一剂良药。"可视化"就是组织"隐性知识"显性化的过程，"可视"才能被感知，才能被传承。本书所介绍的可视化方法，是被丰田和历经精益实践的企业所证明的可靠、高效的方法，值得我们研究和学习。

当前，中国面临世界百年未有之大变局，正从"制造大国"向"制造强国"转变，从"中国制造"向"中国创造"转变。"制造强国"需要工匠精神，工匠精神贵在传承，需要共识也需要行动，更需要一整套行之有效的实践方法。以工匠精神求创新，谋转型，其首要任务是解决技术传承问题。技术传承的根本在于：

① 将技术、经验转化成知识、信息、工具；
② 将知识转化为信息、工具；
③ 将信息转化为工具。

中国的古代智慧也是如此描述工匠精神的。例如《考工记》中提到："知者创物，巧者述之，守之世，谓之工。"这也正是倡导将不可见知识和不易感知的经验和技术进行分解，转化为易理解、易传播、易学习的可见知识。

中国拥有全球最广泛多样的商业实践场景，当我们做好可视化管理，做好设计开发的"源头管理"时，一定能涌现出更多卓越的全球标杆企业。让我们拭目以待！

陈逸超

2021 年 8 月 12 日于上海

前言

20世纪50年代以后,说起牵引日本经济发展的主要业态,很多人可能会不约而同地想到制造业。但近年来,面对欧美企业的强势反击和新兴国家的不断崛起,日本制造业已经是强敌环伺,被迫在打一场硬仗。毋庸置疑,在制造业核心的研发领域,日本制造业企业依旧有很强的竞争力,但如果还是以传统方法试图去实现创变时代和定制化时代的竞争优势,很有可能最后是志大才疏,不得其法。加之现今商业社会,产品的复杂程度越来越高,仅靠传统的直觉、经验和勇气,已经很难开发出受市场欢迎的产品。

此外,作者团队还发现,产品开发的难度也越来越大,不仅要开发单一的产品,还要开发产品叠加服务的组合式解决方案,实现产品服务化,在产品的整个生命周期内提供持续价值。究其原因,不仅是产品和服务越来越复杂,交付时间越来越短,更如"开放式创新"一词所蕴含的那样,参与开发的人员正变得越来越多。

在这样的背景下,本书试图去探索出更加有效的路径,在日新月异的高度竞争环境下,企业如何策划和开发出更加有吸引力和价值号召力的产品,并提供一些切实可行的方法。本书设想的目标读者,是以研发和产品创新为主的业务领导和执行层团队成员。

我们希望借助本书,通过产品开发可视化方法,帮助你正确、高效地将你的想法传递给团队，具象化你的智慧，实现知识在企业内的有形化和价值化。在研发团队内部，采用正确无偏差的信息传递方式，便于相关人员准确地共享信息、共享智慧，并利用这些信息创造出新的智慧。这些正是本书要实现的目标。本书按读者日常工作的研发场景顺序进行编写，简要来说，本书的组织结构如下：**按行业分类的产品开发指南（第 1 章）、可视化你的战略（第 2 章）、可视化你的计划（第 3 章）、可视化你的设计方案（第 4 章）、可视化你的过程管理（第 5 章）、可视化你的项目管理（第 6 章）、可视化你的组织和人才（第 7 章）**。在具体讲解 99 个可视化工具之前，通过第 1 章先介绍了产品开发过程的具体流程。同样使用"产品开发"这个表述，但不同产品的开发方法和特点是不同的，所以先分别介绍了**一般消费品、组配式产品、组合式产品、定制产品、单一零部件产品和原材料产品**，这几大类不同产品的开发工作流程，以及彼此间的差异。

现如今，越来越要求有丰富经验的开发人员，将自己的"技能"以各种形式可视化，在企业内部做持续传承。这是因为，在当今复杂而细分化的研发环境下，产品迭代加速，资深开发者很难像过去一样，可以通过不断试错来获取隐性知识。另一方面，随着信息技术的发展，网络上与他人分享技能、经验变得越来越便捷，加速了专业技术和知识的传播。采用本书中介绍的一些工具和方法，并且活用 IT 系统，能让可视化更加生动鲜明，让成果文件更易便捷共享，让看似最复杂的事物能够清晰明了地与成果联系起来。所谓价值，只有当它被开发出来，变成人们可以感知的产品时，才真正具有了"价值"。价值的源泉，蕴藏于开发活动的过程之中，为了提高开发活动的效率，取得更高的价值成果，我们建议大家在你的日常开发工作中实践 99 个"可视化"工具和方法。希望大家把 99 种可视化技术尽可能多地训练成一种工作习惯。当然，我相信你一定会找到最适合你的开发方法。希望本书能对你有所帮助。

作者代表　北山厚
2014 年 10 月

目 录

推荐序一
推荐序二
译者序
前言

第 1 章　按行业分类的产品开发指南　/ 1

一、产品开发概述　/ 2
二、本书包含的开发对象和类别　/ 4
　（一）一般消费品的开发流程　/ 6
　（二）组配式产品的开发流程　/ 6
　（三）组合式产品的开发流程　/ 8
　（四）定制产品的开发流程　/ 8
　（五）单一零部件产品的开发流程　/ 11
　（六）原材料产品的开发流程　/ 11
　（七）开发过程中的可视化及其目标　/ 12

第 2 章　可视化你的战略　/ 15

01　可视化的基本图形结构形式　①树状图　/ 16
02　可视化的基本图形结构形式　②矩阵（Matrix）　/ 18

03 可视化的基本图形结构形式 ③IPO 图（方框图） / 20
04 解决问题思维过程的可视化——ARS / 22
05 未来潜在环境变化的可视化——PEST 分析 / 24
06 产品生命周期的可视化——技术进步的 S 曲线 / 26
07 产品的客户需求满意度的可视化——卖点满意度确认表 / 28
08 竞争优劣势的可视化——标杆管理 / 30
09 客户特征的可视化——细分图 / 32
10 为目标市场提供价值的可视化——定位图 / 34
11 市场与产品之间关系的可视化——安索夫矩阵 / 36
12 市场需求与技术之间关系的可视化——开发技术确认图 / 38
13 经营资源分配的可视化——PPM 矩阵 / 40
14 产品开发趋势的可视化——产品路线图 / 42
15 技术发展趋势的可视化——技术路线图 / 44
16 产品和技术开发目的的可视化——价值路线图 / 46
专题 1：通过可视化，打破思维壁垒 / 48

第 3 章　可视化你的计划　/ 49

17 超越客户期望价值的可视化——K 矩阵 / 50
18 功能和结构价值的可视化——价值图谱 / 52
19 客户视角的必要价值的可视化——归因分析 / 54
20 各个功能市场价值的可视化——功能价值分析 / 56
21 产品价值领域的可视化——价值回报分析 / 58
22 促进从不同角度思考的可视化——视角、视野、视点 / 60
23 将事物拟人化以促进创意的可视化——SLP / 62
24 将事物简化的可视化，提出解决方案——物质–场模型 / 64

25 跨界思考的可视化——NM 法 /66
26 整合团队智慧的可视化——思维导图 /68
27 高价值分组的可视化——KJ 法 /70
28 需求类别可视化，防止遗漏——需求分解 /72
29 与客户价值交换链的可视化——客户价值链分析 CVCA /74
30 利益相关者需求链的可视化——需求链分析 WCA /76
31 目标客户具象化的可视化——库珀的人格理论 /78
32 提案优先级的可视化——摘星图 /80
33 创意潜在优先级的可视化——投票法 /82
34 可视化价值，让用户感知——原型机 /84
35 开发想法和合理性的可视化——涵盖任务执行的产品计划书 /86

第 4 章 可视化你的设计方案 /89

36 从需求到产品具体化的可视化——质量功能展开 QFD /90
37 开发过程中不同领域间关系的可视化——领域配置矩阵 DMM /92
38 产品功能的可视化——功能分解 /94
39 设计要素的可视化——设计要素分解 /96
40 设计变更陷阱的可视化——正反向评价表 /98
41 生产工序的可视化——工序分解 /100
42 需求与功能成本的可视化——需求与功能成本分析 /102
43 需求范围和零部件选项之间关系的可视化——变式 DMM /104
44 从产品使用方法到功能的可视化——用例图 /106

45 产品与外部影响关系的可视化——情境图 / 108

46 产品运行状态的可视化——状态迁移图 / 110

47 产品功能之间关系的可视化——功能结构图 / 112

48 功能间能量流的可视化——能量的功能结构图 / 114

49 功能间信息流的可视化——信息的功能结构图 / 116

50 功能间物流的可视化——物的功能结构图 / 118

51 复杂功能输入/输出的可视化——功能状态表 / 120

52 时间和控制行为的可视化——时序图 / 122

53 设计要素间关系的可视化——要素结构图 / 124

54 可视化发明原理，激发设计创意——功能类比法（FA 法） / 126

55 问题发生结构的可视化——应力强度模型 SSM / 128

56 发生问题的因果关系和发生可能性的可视化——故障树分析 FTA / 130

57 问题风险和对策的可视化①——故障模式影响分析 FMEA / 132

58 与以往产品差异化的可视化——变更点/变化点管理表 / 134

59 问题风险和对策的可视化②——基于故障模式的设计评审 DRBFM / 136

60 风险对策优先顺序的可视化——风险矩阵分析 / 138

61 推进设计（故障）对策方案的可视化——设计对策的三个框架 / 140

62 生产要素的可视化——4M1E 分析 / 142

63 生产异常的可视化——工程能力指数确认表 / 144

64 人为错误要因的可视化——m-SHEL 模型分析表 / 146

65 人为错误对策重点的可视化——4 个阶段和
8 个角度 / 148

66 最小实验模式的可视化——交互作用表 / 150

专题 2：设计开发中的 MECE / 152

第 5 章　可视化你的过程管理　/ 153

67 开发过程中状态的可视化——开发流程状态图 / 154

68 开发过程中返工的可视化——依赖结构矩阵 DSM / 156

69 减少返工的开发顺序的可视化——分区分析 / 158

70 开发周期预测的可视化——蒙特卡罗分析法 / 160

71 开发节点评审事项的可视化——关口管理 / 162

72 开发节点具体绩效标准的可视化——技术达标基准 / 164

73 标准开发流程的可视化——基本流程 / 166

74 角色的可视化——RACI 职责分配表 / 168

75 业务流程的可视化——流程图 / 170

76 业务目标完成情况的可视化——KGI /KPI / 172

77 开发项目工时分配的可视化——前置工作负荷率 / 174

78 复盘总结活动的可视化——KPT 复盘法 / 176

79 问题案例的可视化——整改方案 / 178

80 问题整体结构的可视化——问题关联图 / 180

81 必要测试项目的可视化——测试项目检查表 / 182

第 6 章　可视化你的项目管理　/ 185

82 项目开发关联人员的可视化——利益相关者分析 / 186

83 项目开发必要工作的可视化——工作分解结构 WBS / 188

84 开发计划的可视化——甘特图 / 190

85 开发过程瓶颈的可视化——关键路径 / 192

86 最短开发周期的可视化—— PERT 图 / 194

87 设计变更对业务影响的可视化——技术/任务 DMM / 196

88 项目风险的可视化——风险管理表 / 198

89 开发主题难易度的可视化——开发等级管理 / 200

90 需求规格最终确定程度的可视化——规格确定时间表 / 202

91 问题发生和解决状态的可视化——问题发现曲线 / 204

92 业务优先顺序的可视化——艾森豪威尔矩阵 / 206

93 供应商能力的可视化——供应商评价表 / 208

第 7 章　可视化你的组织和人才　/ 211

94 让沟通"看得见",促进相互理解——CCP 沟通法 / 212

95 会议场景的可视化——会议作战方案 / 214

96 会议场景的可视化——优化会议进程 / 216

97 项目衍生知识的可视化——技术分享会议 / 218

98 开发者技能的可视化——技能图谱 / 220

99 开发人员行为特性的可视化——人才的 PMTLC 判定 / 222

参考文献　/ 224

结束语　/ 226

第 1 章

按行业分类的产品开发指南

一、产品开发概述

在介绍产品开发的"可视化"工具之前，先明确一下本书中对开发的定义。虽然读者中大多数人可能是在从事开发工作，但有必要再统一一下本书中对于开发的定义："开发就是利用某种资源创造新的价值，或让某种资源变成可以利用。"其中"创造"和"利用"这两个词包含着"这不是一件容易的事"的意思。开发的目标不是重复地、正确地做同样的事情，而是要创造性地实现从无到有，从0到1。开发活动可以把看似可能性很小的1演变成几倍甚至几十倍几百倍的价值。换句话说，产品开发就是把一些不曾有的东西创造性地推向市场，提升价值。只是对既有事物实施重复行为，并不能为我们带来新的价值。

本书也有必要先明确，开发定义中所蕴含的另一个无法剥离的现实特征，即开发是一个大多数情况下都无法使用自动化的活动。之所以不能自动化，是因为如前所述，开发不是一个重复性的活动，也不是一个寻找唯一正确答案的活动。虽然，开发活动中的个别领域可以通过IT系统实现自动化。

开发活动是连续性的、具体性的活动，是指为了实现某种要求，从现有的方法到还未被认知的方法中选择最合适的，并实施所选择的方法而开展的一系列创意性活动。说到这里，大多数读者应该已经明白，这项工作并不是一台超级计算机就可以简单胜任的。

一般来说，开发所产生的产品大致分为两类：一类是有形的商品（可触摸可感知的），另一类是包含无形的服务在内的其他产品。最近，在日本"koto-zukuri"（创造高附加价值）一词开始被普遍使用，它指的是产品和服务正不断融合，产品需要服务化，服务需要产品化，产品和服务之间的界限正在消失（见图1-1）。

有形的商品（可触摸可感知的）	汽车 房屋 设备 移动终端 食品 化妆品 纸张 钢铁 ……
无形的产品（无法直接触摸感知的）	内容（戏曲、文章等作品） 金融商品 业务流程 服务流程 更新维护服务 演出 新闻 ……

图1-1　产品和服务之间的界限正在消失

　　产品和服务业务的一般开发流程可以按图1-2所示进行定义。开发是指实际的编制程序、甄选工具和设计实验等。然而，如果想让开发工作更加有效，实际上必须从制定战略阶段就开始开发工作，解读市场营销信息，思考中长期什么样的产品和服务会被市场接受。从这点来说，本书把制定开发战略也纳入到开发流程里面。

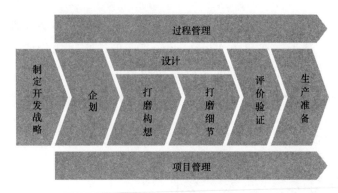

图 1-2　一般开发流程

二、本书包含的开发对象和类别

本书在写作时,首要考虑的是方便读者具象化理解开发,所以把在制造业中开发的有形实物定义为产品,并把实物开发的过程称为产品开发。当今社会,仅仅靠实物产品已经很难创造出更高的价值了,从"物"和"事"两个角度来说,如今的制造业已经进入到"从单一制造实物产品向产品服务化时代"过渡阶段,无形的"事"(服务)的开发,已然成为制造业不可或缺的关注点。本书的"第 4 章可视化你的设计方案"是以技术为对象,属于无形产品的开发范畴,但其他章节所介绍的方法和工具,也同样适用于无形产品的开发。

虽然制造业这一个词就概括了制造产品的行业,但其范围却十分宽泛。根据日本总务省统计局的《日本行业标准分类》,日本的制造业分类直至小分类可以多达 560 多个。如果从大分类来划分,制造业也涵盖 23 个行业,包括食品、化工、钢铁、电力机械设备、运输机械设备等。

每个行业都有自己特有的实物开发成果,即有形产品,根据有形产品特点进行有形产品分类的结果如图 1-3 所示。有形产品可以大致分为三类:(1)一般消费品(食品、饮料、服装、纸张等);(2)耐用消费品(汽车、设备等);(3)用于创造新形态的原材料(钢板、水泥等),尽管称之为产品可能不符合部分读者的认知。耐用品还可以继续分为两类:成品(包括半导体、发动机等,虽然这些产品最终会被安装到其他产品里,但单体也可以被称作成品)和单一零部件(如金属制品中的螺钉等)。而成品类又可以继续分为量产产品和定制产品。接着,量产产品可以分为需要进行复杂装配的组配产品,和相对简单组装即可的组合式产品。其中,东京大学的藤本隆宏先生认为,生产组配式产品,长时间以来是日本企业的优势。现实中,很多产品其实都涵盖了组

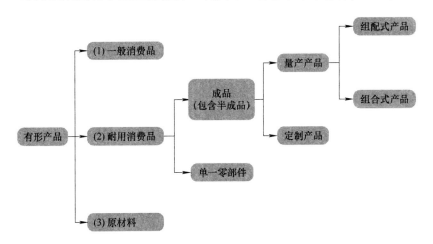

图 1-3 有形产品分类

配式和组合式两种类型，但为了便于理解产品开发的特征，本书特意采用了上述分类方式（定制产品大多数都有组配式和组合式两种类型的特点，就不进一步细分了）。下面就开始按照产品类别，依次介绍产品及其开发特征。

（一）一般消费品的开发流程

首先，本书介绍日常生活中普遍接触的一般消费品，包括食品、饮料、洗涤剂、化妆品和服装等。概括来说，这类产品主要由三大要素组成：物质（内容）、包装和产品信息。由于消费者购买过程中经常要手拿实物，所以产品的外观和设计十分重要。同时，开发人员不应该仅仅专注于技术优势，把技术创新作为开发的主要追求目标，而应该探究和深挖客户的真实需求，并在更高层次上回应和满足客户的价值需求。或者，通过大大超出客户预期的创意开发，实现更高的价值创造。这些都是一般消费品产品开发的主要特征。

一般消费品是一个容易受快速变化的流行趋势影响的产品品类，营销和创意企划就更凸显重要。在产品开发过程中要洞察市场需求和走势，并将这些洞察的结果融合到商品开发企划过程中，随后要及时在市场中确认产品是否像开发时期待的那样被市场所接受，如图 1-4 所示。

（二）组配式产品的开发流程

组配式量产产品品类里面，包括日本具有代表性的汽车、复合式打印机等精密设备，以及需要高精度系统控制的电器产品等，还包括类似发动机、照相机镜头等这些非终端商品的产品。

第 1 章 按行业分类的产品开发指南

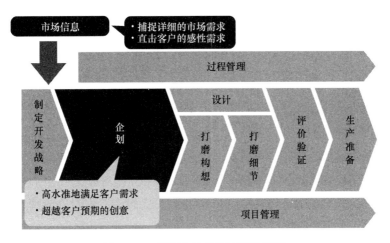

图 1-4　一般消费品的重要开发流程

在这个产品类别领域,日本企业展现出了自己的扎实技术实力,在世界范围的竞争中拥有明显优势。这一类产品的特征可以总体归纳为"组配",其开发如图 1-5 所示。"组配"是指产品的各个零部件之间的关系较为复杂,以及各个零部件之间在装配过程中需

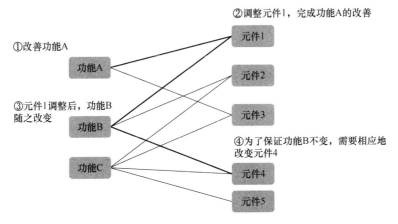

图 1-5　组配式产品的开发

要相互微调。由于各元件和各零部件之间错综复杂地交织在一起,为了实现或改善功能 A 而调整元件 1,这个操作会对功能 B 产生影响,为了保证功能 B,就必须通过调整另一个元件 4 来抵消对功能 B 的影响。

该类产品的特点是需要多种要素的精细平衡,以实现产品的必要功能和性能。

(三)组合式产品的开发流程

组合式产品是将具有一定功能和形状的模块相对容易地组合起来,从而构成最终产品。个人电脑、一些数码家电、自行车等都属于这一类产品。

其特点是模块与模块之间的接口是预先设定好的,就像组装积木一样,只要保证准确无误地对接好接口,各种模块组装起来就可以构成一个产品(见图1-6)。

在个人电脑领域,戴尔模式广为人知,戴尔建立了"客户选择组合搭配"的商业模式。由于模块决定了功能和性能,所以作为终端产品的提供者,差异化的重点不是在技术领域,而是在于设计、交货期和客户服务等方面。

近年来,这种组合法在复合型组装量产产品的开发中被广泛采用,仅通过较少的元件变化,就可以增加产品种类。

(四)定制产品的开发流程

定制产品品类一般是指多品种小批量产品,属于装备制造业。这些产品的特点与组配式产品相似,产品开发的关键之一是能否通过装配调整实现先进的功能和性能。另外,为了最大程度满足客户定制化需求，可以通过多种方式来提升开发能力，即非常重要的差异化能力。多品种小批量产品的定制开发如图 1-7 所示。

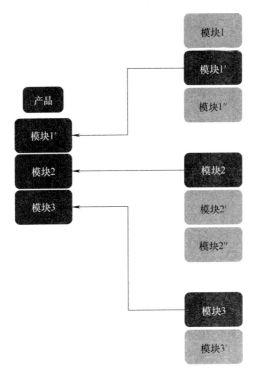

图 1-6　组合式产品开发

当然，我们也必须清晰地认识到，如果能 100%地满足每一个客户的具体需求是最理想的，但显然这对于产品提供者来说，效率是非常低的。为了尽量平衡这种矛盾，我们需要开发具有基本功能和性能的基础产品（可以单独提供），并为客户准备选配的附加功能，让客户能够根据使用的具体场景进行自主选择，就像组

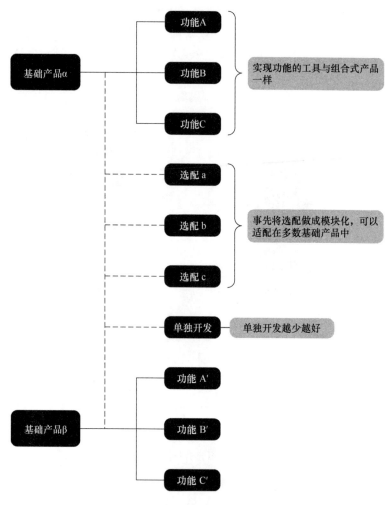

图 1-7　多品种小批量产品的定制开发

合式产品一样，可以很方便地添加到产品中。针对无法提供选配的部分，可以采用单独开发的方法来满足客户需求。所以，企业采用的对基础产品、选配和单独开发的不同分离方式，直接影响企业收益水平的变化,可以说企业定制产品开发的分离策略是极为重要的战略。

(五)单一零部件产品的开发流程

这类产品以零部件制造行业的产品为主,具体来说,就是指螺钉、电子零部件等,这些产品通常只有少量元件,几乎只有一个功能,被装配到其他产品里,起到的作用往往也比较单一。即使稍微复杂一点的零部件产品,如模具等,也具有这种特性。它们通常集成在产品和设备中,由于不容易被终端用户看到、感知到,所以试图在设计上进行差异化的策略几乎是不可行的。最重要的差异化是它作为产品所具有的单一功能的准确性和水平。由于这些产品不是终端产品,所以如果要嵌入其中的最终产品并不需要多么高的质量水平,这类产品的精度和性能不论有多高,最后都是无用武之地。因此,对于这类产品开发来说,必须定量地分析了解和定期地管理最终产品方对于质量和可靠性的要求,并以尽可能低的成本去实现开发和生产,从这个角度来说,计划控制与生产端的紧密协调配合,就显得十分重要了。螺钉、电子部件等零部件制造业模型如图1-8所示。

(六)原材料产品的开发流程

原材料是陶瓷和陶器产品制造业、化学工业、钢铁工业、有色金属制造业等行业产品的一部分。原材料本身具有各种化学特性和物理特性,通常是块状物,利用它们的特性,通过生产加工,最终被制造成可以使用的终端产品。比方说水泥,利用其加水后硬化的特性,最终生成的产品就是建筑物。或者说纤维材料，加热或以其他方式改变其形态，利用纤维的特性来制造出零部件或成品。这个领域的产品开发的目的是开发一种性能优越的原材料，这种开发行为类似于其他制造业的新技术研发。原材料开发可以改善现有原材料的性能（持续创新），是一个很有潜力的颠覆性创新领域，如果一种材料的性能达到与另一种材料相似的水平，或者超越了另一种材料的性能，就会带来爆发性的增长。化学工业、钢铁工业等原材料厂商的模式如图1-9所示。

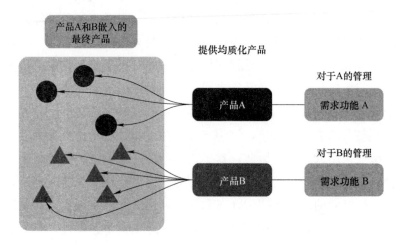

图1-8　螺钉、电子部件等零部件制造业模型

（七）开发过程中的可视化及其目标

到目前为止，本书着眼于可视化，从一般的开发工作流程入手，按行业分类阐述了典型产品开发的特点。如前文所述，开发工作是有创意的，不能自动化的，也是常常被比喻为黑匣子的业务领域。所谓黑匣子，就是你不知道里面有什么，如何关联着，也不知道里面究竟发生了什么。这个工作完全取决于开发人员的经验、知

识和基于思想的隐性知识。因此大家可以理解,在众多可以被"可视化"的业务中,开发其实是一个比较难以可视化的领域。

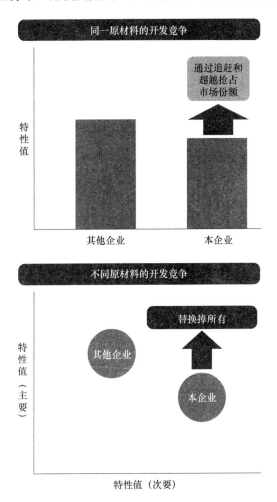

图1-9 化学工业、钢铁工业等原材料厂商的模式

然而是否由此就可以说,基于业务的客观特殊属性,开发完

全不需要去推行可视化了呢？答案是否定的，必须要推行可视化。开发业务推行可视化的原因主要有两点。

首先，产品开发，不论规模大小，都不可能由一个人完全胜任，开发工作几乎都是由团队来完成的。开发过程伴随着收集市场信息，整理、分析、策划，之后再思考具体实现办法，逐步具象化的过程，而这些工作往往由多人负责，所以人与人之间的沟通对开发工作来说至关重要。在沟通手段中，早已有很多研究表明，利用可以直观表达的可视化手段，可以大大提高沟通的效率和质量。所以，开发的可视化，对于提高开发效率和质量具有重要意义，对于正确定义、说明和讨论企业目前正在开发的工作内容，也是十分必要的便捷手段。

另一个让人眼前一亮的原因是，作为一家企业，开发工作是永无止境的，企业需要想方设法确保企业的许多知识不会中断，集体智慧沉淀不会半途而废。虽然单个产品的开发工作，可以定义为当产品推出后就已结束，但开发人员为了持续不断优化和升级产品，让下一个产品比上一个产品更好，需要不断推进开发工作。在下一次开发和创新活动中，理想状态是不重复上一次开发的错误，不让同样的试错持续重演而浪费资源和时间，另外好的经验和总结应该及时准确分享出去并融入新的开发活动中。为了实现这样的行动目标，就需要通过可见的方式将开发可视化，这是驱动企业可持续发展和开发的重要力量与源泉。在本书中，将对可视化开发的特有可视化工具和可视化方法，结合一些被普遍应用的可视化手段，做全面分析和解读。希望这些方法能在世界范围内被广泛地有效使用，为企业和开发人员提供便利，创造更多价值。每当提到可视化的时候，通常会想到的是可见的文档，除了文档以外，本书还会引入实物或共享可视空间来展开介绍。

第 2 章

可视化你的战略

01 可视化的基本图形结构形式 ①树状图

首先，在介绍可视化方法的开头，本书先介绍三种可视化的基本图形结构形式。

第一种是树状图，在图 1-3 有形产品分类中已经使用了。就像家族图谱一样，它是一种分解和整合的方法，把需要整理的信息，用树形来层次化描述。这种形式因为是在逻辑上创造了树的形状（树状图），所以也被称为逻辑树。目前不仅在开发领域，在很多其他领域也广泛使用逻辑树，很多人习惯了这个名称。树状图的上下层级代表了结果-原因、整体-部分等，宛如母子关系。虽然树状图常常是从目的或主题入手进行分解的，但也可以将元素归纳成一定的群组或类别再进行整合，所以可以进行自上而下的拆解或者自下而上的分组整合，这两种树状图的使用方法都很常见。

需要通过树状图进行分析的信息对象，会因开发阶段不同而不同。由于开发的业务现场经常会进行信息的分解和整合，所以熟练掌握树状图的使用方法，用树状图思考、用树状图整理信息，可以更好地提高开发人员的基础能力。

要点：
- 一定要把熟练使用树状图（逻辑树），培养成一种习惯。
- 通常，分解信息时容易使用树状图，切记，整合信息时同样可以使用。

第2章 可视化你的战略

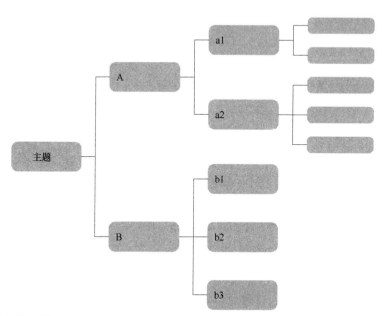

树状图示例
（分析对象一样，基于主题不同，内容各异）

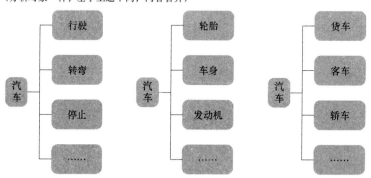

树状图（逻辑树）

02 可视化的基本图形结构形式 ②矩阵（Matrix）

可视化的基本图形结构形式的第二种是矩阵。相比树状图，你可能更熟悉矩阵，因为在日常生活中你可能经常看到矩阵。如果整理一下矩阵的用法，会发现有很多种，比如比赛中的胜负显示，可以把分析对象放在横轴和纵轴上，看它们之间的关系（例1），也可以把不同的评价标准分置在纵横轴上，看分析对象所处的位置（例2）。

正如例子所表示的一样，矩阵是用来可视化关系的。像例1的形式，做比赛结果分析，可以将相同的分析对象放在横轴和纵轴上。也可以让纵横轴的内容不同，如客户要求在纵轴上，产品功能在横轴上，矩阵可以显示出各分析对象之间的关系。在例2的情况下，可以通过两个评价轴直观地了解目标的特征。开发活动中，使用树状图拆解后的要素，如果数量达到需要整理分析的量级时，再采用矩阵进行分析十分有效。

> 要点：
> - 矩阵是常用的方法，如用于比赛结果的表示。
> - 矩阵有很多种使用方法，可将相互关系、彼此地位等情况进行可视化。

第 2 章 可视化你的战略

例1：比赛胜负

	A队	B队	C队	D队
A队	✕	○	○	○
B队	●	✕	○	△
C队	●	●	✕	○
D队	●	△	●	✕

例2：日本酒对比

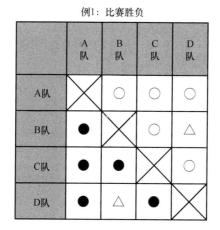

矩阵（在纵横轴放置项目）

03 可视化的基本图形结构形式 ③IPO 图（方框图）

可视化的基本图形结构形式的第三种是 IPO 图。IPO 是 Input（输入）、Process（过程）和 Output（输出）的首字母缩写。IPO 图可以清晰地描述分析对象的成立逻辑和原理原则，厘清项目之间的关联关系，是一种可以了解全局的有效的可视化方法。针对某一过程的部分是用"P"标记的方框，对应它的 I 和 O 分别为前后描述。

例如，如果把功能作为可视化的目标，通过描述我们就会明白，输入什么，通过什么行为（或活动），最后可以输出什么结果。有了这个可视化 IPO 图，可以明确了解，为了实现某个功能，需要什么样的东西或信息，需要什么样的功能转化，最终才可以获得期望的输出物。输出物依据不同过程和输入的变化而变化，通过描述它们之间的联系，能够表达出整个产品间的关系。以某个业务为例，可以把业务任务的完成当作任务的输出 O，P 是指任务要做什么，I 是执行任务需要哪些投入，有哪些投入是必需的、足够的。用 I 和 O 的箭头方向，还可以显示出包括方向在内的联系逻辑，这是 IPO 图方法的一大特色。

要点：
- IPO 图是描述输入、过程、输出的方法，也被称为方框图。
- IPO 图在表示成立逻辑和思考原理原则时是非常有效的可视化方法。

第 2 章 可视化你的战略

输入I	为了获得需要的输出物，必要的物品和信息
过程P	为了获得需要的输出物，必要的流程和具体的执行方法
输出O	为了实现目标而需要的输出物

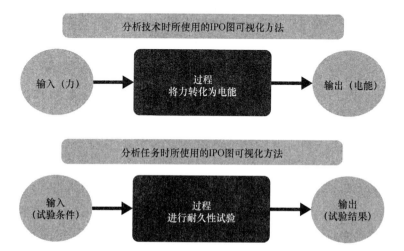

[以过程为中心，在两端分别放置输入和输出，进行分析和思考]

04 解决问题思维过程的可视化——ARS

我们所有的日常活动（不仅是开发工作），都被当作解决问题或实现目标的手段。尽管这些活动的动机都是好的，但不一定一直在朝着正确的方向进行。造成这种情况的原因是：①没有正确界定问题；②没有抓住问题的核心；③采取的解决方案是错误的。针对这三个原因，思维过程的步骤可以细化为：①As-is 现状（整理现象、认识理解问题的步骤）；②Recognition 认识（深挖问题、分析问题本质的步骤）；③Solution 解决（构建解决方案的步骤）。这些内容看似简单，但只要能够牢记这些步骤，并在开发过程中注意精确运用，就能更容易地采取正确行动，防止问题的发生。当然，当你需要对已经发生的问题做出快速反应时，它也是很有用的，它可以适用于各种与开发有关的任务、技术和人员。ARS 是把每一个步骤的首字母组合起来，通常称为解决问题的 ARS 思维过程。

将这些步骤的输出物进行可视化，可以说是开发工作可视化的基础。如果你是一位资深的开发人员，根据你的以往经验，你会在一定程度上顺利用这些步骤思考一遍。越是复杂的开发课题，其实越需要有他人的智慧与支持。应深度发掘第三者智慧，来验证我们自己给出的结论是否正确，需要对 ARS 的每一步是怎么做的，结论是什么，进行确认总结，这也是卓越开发的必要条件。从下一节开始，本书将从构思战略的可视化开始，进一步阐述产品开发的可视化方法。

要点：
- As-is（现状）、Recognition（认识）、Solution（解决）三步法，是思考解决问题的基本方法。
- ARS 对于验证自己的结论非常有用。

	说明	开发业务
现状 A (As-is)	把握现状，定义应该解决的问题	确认主题和问题的背景，明确确定主题
认识 R (Recognition)	明确问题本质	细化并分解技术、缺陷、故障、挖掘深层次的本质原因
解决 S (Solution)	制定解决问题的具体方案	制定试验验证的手段，绘制图表和编码甚至可以包括变更任务安排

[解决问题的基本模型]

05 未来潜在环境变化的可视化——PEST 分析

对于企业领导者和开发人员来说,应了解目前开发的产品是否顺应时代潮流与需求,未来有哪些产品会更有潜力?在研究这些问题时,有必要从企业所处的宏观环境中,梳理出当前影响企业活动的事件和未来可能影响企业发展的高概率事件。PEST 分析正是这一过程中可以使用的可视化方法。

PEST 分析包含了 4 个方面的内容,取 4 个英语单词的首字母组成,它们分别是:政治(Politics),经济(Economics),社会(Society),技术(Technology)。通过将宏观环境划分为这 4 个轴线,可以综合提取环境因素。

表中显示的是 21 世纪前 5 年和 2014 年提取的 PEST 环境因素,其中一些因素的扩散和进展速度超过了预期,而另一些因素则趋于稳定或停止。为了在开发活动中可以有效利用,需要进行 PEST 分析,预测每项的内容和影响会随着时间的推移发生怎样的变化。

要点:
- 产品所处的环境因素分析,可以归纳为政治、经济、社会、技术 4 大维度。
- 产品研发不但要分析现在,更要分析未来,预测未来变化的趋势。

	21世纪前5年
政治	退休金问题↓ 执政党和在野党变化↑
经济	"消失的十年",股价低迷↓ 世界杯利好影响↑
社会	IT泡沫破灭→ 恐怖主义→ SARS↓ 劳动人口减少→
技术	移动时代↑ 液晶时代→ 自然资源→
	2014
政治	邻国关系恶化↑ 特定秘密保护法实施→ 女性活用↑
经济	消费税率上升→ 东京奥运会利好刺激↑ 灾后重建特需↓
社会	富裕一代逐渐成人↑ 劳动人口减少(高龄人口持续增多)↑ 异常天气→
技术	大数据分析↑ 3D打印技术↑ IPS干细胞(人工多功能性干细胞)↑

箭头代表了对2015年的变化趋势进行的预测
(↑:影响增加, →:影响不变, ↓:影响减少)
根据对自己开发主题的影响力来赋予权重也是有效的方法

[**用 PEST 分析对比过去和现在**]

06 产品生命周期的可视化——技术进步的 S 曲线

创造产品价值的技术也是有寿命的,就像世界上的其他事物一样,它成熟了,但慢慢地也会衰落。通常来说,在技术开发的早期阶段,相对于改进技术的投资(成本和时间),采用新技术的产品价值和性能只能慢慢提高。但是,如果技术的合理性很好,一旦跨过一定的门槛,价值提升的幅度会远远大于技术改进。而随着新技术进入成熟阶段,价值提升的速度也会逐渐放缓。

技术进步的 S 曲线就是衡量这种关系变化的曲线,横轴是技术开发投资额,纵轴是产品价值和性能,通过曲线表示变化关系。从帆船时代进入到蒸汽船时代,从磁带时代进入到 CD 时代,环境的变化也可以使用 S 曲线来表示。当 S 曲线的斜度越来越平缓时,企业可以采取两种策略:一是将该 S 曲线替换成不同的 S 曲线(如前例中的蒸汽船和 CD);二是要从现有技术和方法以外的角度考虑提高产品价值的措施。无论哪种情况,我们都必须谨记一个策略,避免对曲线变缓技术的过度投资。

要点:
- 将技术开发投资额和产品性能变化之间的关系用图表表示的方法,就是技术进步 S 曲线。
- 从技术成长阶段到技术成熟阶段,曲线的斜度开始变得平缓。

第 2 章 可视化你的战略

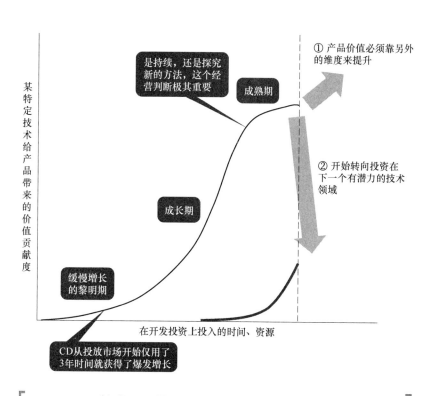

[技术可以带来的价值增长不会永远持续]

07 产品的客户需求满意度的可视化——卖点满意度确认表

卖点满意度确认表,是对所开发的主题(产品)所激发并吸引的客户需求程度,进行可视化的一种表格。通过可视化当前产品吸引或不吸引人的诉求点,梳理出所开发的主题(产品)在多大程度上能够满足客户的需求,可以有效地建立并审视和修正开发战略。在这个人类价值观越来越多元化,需求越来越多样化的新诉求时代,卖点满意度确认表的利用率正在不断提高,被越来越多的开发人员所使用。

表格的其中一边列出产品的卖点。在表格的另一边,可以将客户的需求转化为与产品相关的语言,并将其划分为需求等级。如果每个卖点都有助于实现特定的客户期望,则在两个项目交叉的地方打钩。在检查评价完所有关系后,如果有未确认的项目,可以通过思考一个卖点来吸引客户,从而创造新的价值。如果卖点偏向于某种需求的主题(产品),也可以验证这是否是针对目标客户的主观有意识的行为结果,还是非主观意识的行为结果。

要点:
- 创变时代人类的价值观正在多元化,需求也变得多样化。
- 卖点满意度确认表可以高效地帮你确认产品是否满足目标客户的需求,通过一个一个要点的确认,可以持续优化产品。

第2章 可视化你的战略

需求	对移动空间的需求示例 (实际内容有多项)	产品卖点		
		紧凑但 空间感好	自动制动 功能	可防止 疲劳驾驶
生理的	累的时候犯困			△
安全	希望可以安全移动		○	○
社会的	大家可以一起快乐移动	△		
尊重	获得同乘人员的赞扬	○		
自我实现	惬意舒适的驾驶			

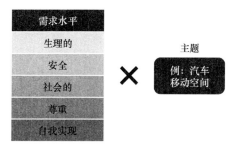

需求阶段以马斯洛需求理论为基础

[确认是否满足了目标客户的需求]

08 竞争优劣势的可视化——标杆管理

当你想在市场上开发某个产品价值时，很难完全从零开始思考，往往要对比现有的产品价值，作为判断基准。树立一个标杆，并据此改进本公司产品的方法就叫作标杆管理（标杆原意是指测量中的一个参考点）。

标杆对比论证可以在不同的细节层次上进行，如果想快速开展，可以从现有产品目录规格介绍中获取信息进行对标。更详细深入的对标是指购买、使用、拆解一个产品，以确定现有产品的特性。在很多情况下，公司产品的规格是根据现有产品的性能和评价值来确定的，所以制作作为标准的现有产品清单是标杆管理的一次成果物，与公司产品的对比表是最终成果。

但要记住，即使明确了现有产品的标准，也不能奢求每项指标都超越现有标准，而是要结合本公司的优劣势、顾客喜好的变化等因素，考虑需要摒弃和加强的地方，最终来确定开发标准和规格。

> **要点：**
> - 标杆管理是取长补短，以竞品为初始判断标准，高效优化本企业产品的可视化方法。
> - 在判定产品规格的重点时可以有效使用。

第 2 章　可视化你的战略

> 如果无法量化，设定判断标准，通过符号来表示

	A公司	B公司	本公司
质量	40kg	60kg	
操作性	○	○	
寿命	8年	8年	
时间	10分钟、30分钟、60分钟	30分钟、60分钟	
颜色变化	5	2	
充电时间	1.5小时	3小时	
最高时速	58km/h	未公开	
输出功率	0.6kW	0.7kW	
使用舒适度	○	○	
零部件数量	4235个	5604个	
方式	Z方式	Y方式	
电池	锂	铅	

> 在记入本公司目标时，把事先分析好的卖点满意度确定表内容用颜色区分，标识出来会更好

[对标竞品]

09 客户特征的可视化——细分图

任何一家企业所开发的产品即使是全球标准的，也不代表能被所有客户所接受。它只会被有限的客户接受，特别是那些具有某些特定特征的客户。以智能手机为例，智能手机购买者是以年轻人为中心的，再向其他人蔓延。这里所说的某些特征是可以通过不同切入点表现出来的，如地域分布、年龄、行为模式、思维方式等。细分就是寻找到一个敏感的感知切入点后，将具有相同特征的客户群体进行分类。将这种分类结果进行可视化的方法，称为细分图。

要创建一个细分图，首先将两个切入点作为两个轴，分为四个象限，然后在每个象限中定义具体特征。如果你在创建细分图时遇到了困难，不妨改变一下作为轴线的切入点。然后再叠加规模、增减等因素，探求该组别客户的真实需求。如图所示，如果根据年龄和户外/室内做分析象限，就可以在细分图上清晰显示，即使年龄大的人群，喜好户外活动的人也在增多，他们很多人关注的是安全性。

> **要点：**
> - 将具有同质化属性的客户群体进行分类，可以使用细分图。
> - 在纵横轴所划分出来的 4 个象限内标识客户特性，可以发掘出客户真实需求。

第 2 章 可视化你的战略

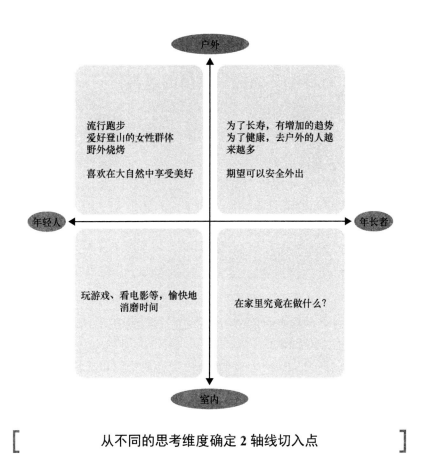

[从不同的思考维度确定 2 轴线切入点]

10 为目标市场提供价值的可视化——定位图

利用第 9 个可视化工具"细分图",再结合企业自身的优势和竞争状况,可以比较清晰地确定目标市场。定位图可以将企业产品的市场地位和其他竞争者的位置形象地绘制出来。通过定位图可以确认本企业的特点和优势,确定与其他企业产品相比的差异化要素,并制定企业自己的价值战略和产品策略。

有效利用定位图的关键是要牢牢记住一切从客户视角出发,首先是要能表达客户的满意程度。无论你认为自己的企业在优势上是多么独一无二的,如果不能给客户带来快乐和满足感,那都是没有意义的。其次是要显示出你的产品与竞争对手的产品之间的区别,而不是优越性。如果你和竞争对手的产品相似,除非你有一个非常强大的品牌,否则你将陷入价格战。定位图的目标是通过对比分析,采用与其他企业不同的轴线,以独特的方式定位,创造出能明显区别于竞争对手的诉求点。

> **要点:**
> - 在图上谋划本企业产品和竞品的差异,就是定位图。
> - 考虑差异化的同时,千万不能偏离客户视角。

第 2 章 可视化你的战略

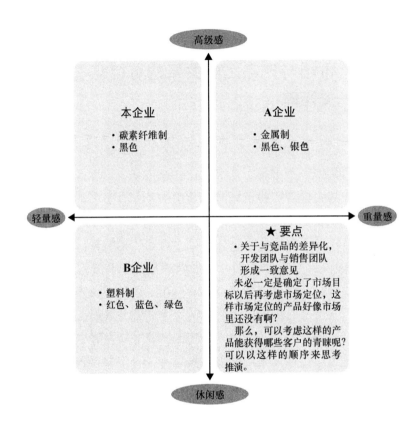

※以圆珠笔为例描绘的定位图

[为了避免陷入价格战，将差异化诉求点充分展示在定位图上]

11 市场与产品之间关系的可视化——安索夫矩阵

当把一个产品推向市场时,如果没有事先确定好是哪类产品,攻占的是哪一个市场,是很难在任何市场上取胜的。在探讨该用哪些产品去针对哪些市场时,使用的基本且著名的可视化方法就是安索夫矩阵。

这个矩阵以"市场"为纵轴,以"产品"为横轴,分别建立"现有"和"新拓"两个类别。在考虑销售方法和推广策略时,这个矩阵对确定产品定位和卖点非常有用。此外,在考虑技术发展战略时,它也是有用的。在这种情况下,把要映射的产品卖点表达为新技术的"有"或"无",就能分辨出要为哪个市场提供怎样的价值了。这样一来,就更容易思考下一步要开发的新技术的意义、必要性以及未来发展的方向。此外,在考虑将新产品引入右下角的新市场,也就是最难进入的领域时,考虑新市场是否存在销售渠道,现有技术是否可以用于新产品,也是极其重要的环节。

富士胶片公司的化妆品是利用现有的技术优势,向新市场成功推出新产品的典范。我们发现,安索夫矩阵是一个高效的思考分析框架,参与产品开发的各个岗位人员都可以使用,可以从市场出发,也可以从产品和技术出发进行思考。建议你可以在需要促进利益相关者相互理解的情况下使用安索夫矩阵,例如与他们进行讨论和解释产品时。

第 2 章 可视化你的战略

> **要点：**
> - 安索夫矩阵就是以现有市场和新拓市场、现有产品和新出产品为两个基本面向，区分出四个象限进行分析思考的可视化方法。
> - 名称来源于发明者战略管理学家伊戈尔·安索夫（Igor Ansoff）。

	现有产品	新拓产品
现有市场	"市场渗透" 改善技术规格 降低成本 形象战略	"新产品开发" 是否有飞跃式的技术改善 是否推出了新的价值诉求
新拓市场	"市场开拓" 新市场里有新的诉求 开展国际化	"多元化" 是否有销售或者产品的优势 是否有投资的能力

（新拓产品栏上方标注：发挥本企业优势）

（新拓市场·现有产品栏下方标注：是一个增量市场 竞争较少 产品的迭代更新速度不快）

（新拓市场·新拓产品栏下方标注：不同形态的多元化）

[**区分现有和新拓是安索夫矩阵的核心要点**]

12 市场需求与技术之间关系的可视化——开发技术确认图

一般来说，现在的开发周期变得越来越短，如果对开发哪项技术做出了错误的决定，就会被竞争对手抢先一步，企业会无法在行业中继续生存。为了准确判断应该开发哪些技术，需要将市场需求和候选技术之间的关系可视化，确定哪些技术的开发优先级最高。

要完成这个任务目标，最好的方法就是使用开发技术确认图。首先，将市场需求放在纵轴上，将候选开发技术放在横轴上，并将这些技术对满足市场需求的贡献以矩阵的形式组织起来。然后，根据每个市场需求的市场性（市场规模和购买贡献度）进行评分。其次，根据公司在关联技术的现状、开发时间、成本等方面是否比其他公司有优势，对候选技术进行打分。根据这两个标准的分析结果，便能判断出那些对提高市场性有贡献并且公司还拥有优势的技术领域，应优先开发这些技术领域。通过使用这个工具，你将能够客观、合理地决定应该开发哪些技术，而不是无依据地假设，特别是在考虑中长期技术发展战略时，这个方法十分有用。

> **要点：**
> - 通过对市场性、开发周期、成本等进行多角度分析，确定本企业有优势的技术主题。

- 为了避免企业对开发技术的优先顺序的误判,切记用好该方法。

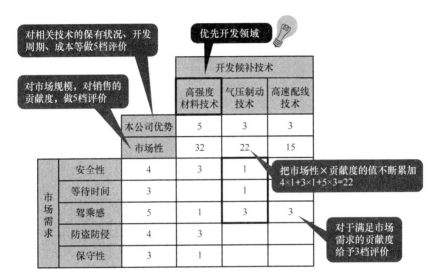

可以正确分析新技术的重要度

13 经营资源分配的可视化——PPM 矩阵

企业要想生存和发展，就必须合理配置并有效管理资源，为了实现这个目标，必须了解市场状况与企业或产品在市场中的地位之间的关系。这种思维模式叫作产品组合管理（Product Portfolio Management，PPM）。我们把以市场增长率为纵轴，以市场占有率为横轴，将企业的产品映射到四个象限进行分析的方法命名为产品组合分析法，即 PPM 矩阵（Product Portfolio Matrix）。

这个矩阵的一个主要特点是，它提供了市场和你的企业或产品目前在市场中的地位，同时提供了未来增长潜力的建议。每个象限都有一个独特的名称，可用于激发利益相关方之间的讨论。不过，这种矩阵在容易具象化理解的反面，也有对某些情况无法充分反映的短板。例如对不同产品的波及效果（比如对于综合型厂商来说，即使市场定位不高，也可以利用企业的整体优势大胆推出），或者通过抢占部分核心客户来确立小众战略等情形，就无法表达出来。所以在衡量资源分配时，以上这些特殊性必须要考虑在内。

要点：
- 现金母牛、明星产品、问题产品、瘦狗产品四大象限。
- 由美国波士顿咨询公司创作发明。

第 2 章　可视化你的战略

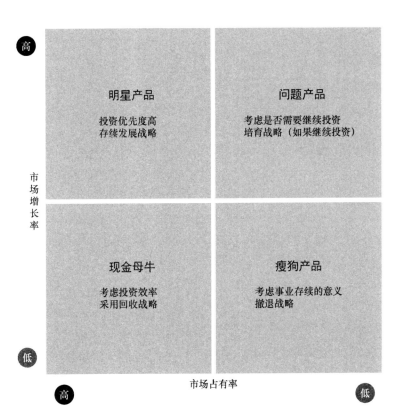

[**通过独特的名称即可判断事业或产品未来潜力**]

14 产品开发趋势的可视化——产品路线图

无论你的产品有多成功，产品的寿命总会有尽头。公司自然要在产品寿命结束前开发并提供新产品。在向市场推出新品之前，总会有一个开发周期，所以企业必须要提前预知市场变化，提前勾勒出下一个产品概况。产品路线图是跨越几代产品，按年代时间顺序来表示产品开发路线的。如果某项功能或性能（如燃油经济性、容量、吸收率等）占主导地位，则可采取类似上述 S 曲线的可视化方法，将可以达成的水准进行可视化。

创建产品路线图是一个重要的行为，是公司战略的核心。因为未来产品阵容的建立决定了公司的发展方向和产品开发方向。在创建该路线图的过程中，应以该图为基础，向参与产品开发的人员征集不同的意见，建立共识。最新的产品可以从细节层面来描述，但除此之外，也必须兼顾能够应对市场波动的弹性概念，进行粗细有别的概述。宏观和微观环境分析的结果也应明确说明，作为分析结果的依据。

要点：
- 把企业产品的"未来"以图表形式可视化的方法就是产品路线图。
- 将燃油经济性、吸收率等指标，连同性能改善的 S 曲线一起图表可视化，可以提高理解度。

第 2 章 可视化你的战略

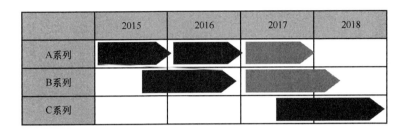

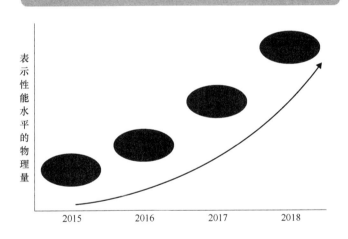

[通过可视化产品系列和寿命可以明确产品迭代周期计划表]

15 技术发展趋势的可视化——技术路线图

为了按照上述产品路线图开发产品，需要创造实现新价值的技术。在日本，有很多通过开发新技术实现新价值的商业案例。混合动力技术、微细加工技术和信号处理技术就是典型的例子。技术路线图是为了实现技术开发对提高价值产生预期作用，而制定的计划路径。它将之前开发的技术的发展方向可视化，并且按时间顺序进行系列化。行业协会和公共机构也会发布技术路线图。在制定大规模的技术战略时，必须把握大势，并在企业技术路线图的制定中明确体现出来。

当被问及公司技术路线图的实际情况时，我们发现很多公司都存在非常大的问题，比如说技术路线图是建立了，但没有实现真正的共享，没有落实到业务运作和开发环节，或者说没有与产品路线图同步，导致技术创新和产品迭代脱离。在创变时代，对于企业来说，从现在开始有必要建立和广泛分享一个技术路线图，其中包括开发技术的初衷、产品的发布日期、开发人员的知识和技能等，以实现投资回报率和技术创新迭代。

要点：

- 技术路线图展示了混合动力技术、微细加工技术、信号处理技术等先进技术的发展方向。
- 行业协会和公共机构也会发布技术路线图，企业要准确及时地收集信息，把握技术潮流。

第 2 章 可视化你的战略

	2010	2015	2025
围绕服务产业的社会发展动向	▲从业人口是制造业的3倍	▲国内家庭总数达到顶峰拐点	老龄化比率达到33%▲
		▲老龄化比率26.9%	▲国内劳动人口占比为26.9%，2005年为13% 从业人口是制造业的4倍
		成立服务产业工学会	医疗养老领域需要280万人
	居民对各种服务的需求不断扩大		
	服务产业人才需求持续扩大		
技术开发	中小企业也可以便捷低成本地使用市场营销工具、进行技术开发	观测人类行动和IT的融合	
	传感器非接触化、小型轻量化，电池性能和功能的大幅度改善	传感器网络的应用与开发	
	数据挖掘和数据分析领域，计算高速化	D-POS技术的高度化 客户分析网络系统的搭建	
	统计分析和人类心理活动、感知活动等理论不断融合		
	服务流程可视化 设计开发工具不断发展	仿真模拟技术的高精度化（仿真模拟越来越接近现实）	
	可以活用生活轨迹的各种基础技术开发	通过高精度行为跟踪分析，开发员工管理评价系统	
	教育辅助系统 内容创作与开发		

来源：日本经济产业省HP

[**服务产业领域**]

16 产品和技术开发目的的可视化——价值路线图

产品路线图和技术路线图是基于业务和公司层面绘制的。但是，由于部门不同，职责不同，负责人不同，相互之间的协调和共享不充分，会导致技术开发长期处于偏离轨道的状态，路线图上规划的产品也无法按照预期计划实现。价值路线图就是为了消除这种不均衡和矛盾，整合产品路线图和技术路线图，并连接产品和技术的一种可视化方式。

价值路线图的构成：①企业要提供的多种价值（画出的是两种）的名称，作为坐标轴，如功能、性能和效率，情感价值和功能价值；②轴线的刻度为年代。这样就可以为每个产品发布周期画一个连接相同年代的圆弧形；③将价值分门别类，考虑到它们对两条轴线的贡献，从原点沿径向分布在路线图里；④对于每一种价值，都谋划并绘制出将开发什么技术，以及何时开发。另外，从原点到计划的时间点，可以用实心箭头绘制，如果还没制定今后的开发计划，可以用虚线箭头绘制。这样一来，就可以显示出什么时候、通过什么方式、什么产品实现了怎样的价值。这种可视化方式，可以让我们清晰地看到企业在产品开发和技术开发方面的方向。

第 2 章 可视化你的战略

> **要点：**
> - 代表时期的圆弧形和价值以放射状形态被可视化出来。
> - 通过价值路线图可以从产品和技术两个维度清晰判断企业发展走向。

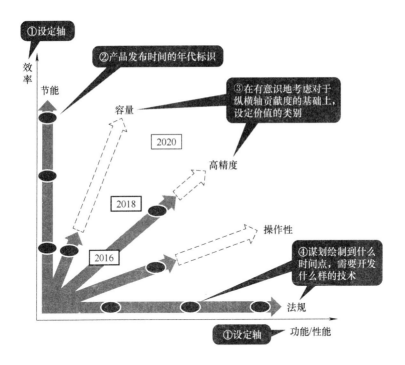

[整合产品进化和技术进化在同一个路线图上，
实现系统性可视化]

专题 1：
通过可视化，打破思维壁垒

过去，日本企业为了国家和企业的发展，在试错的过程中不断推出创新产品，典型的例子包括随身听、方便面、家用电子游戏机和混合动力汽车。不过，近年来，日本企业已经被苹果、戴森等国外竞争对手赶超。

在这样的环境下，经常有客户问我们，对于很多无法突破传统思维框架的开发者，面对这样的挑战和困境，该如何是好？传统思维的框架有很多种，但在这里主要指的是仅关注眼前的事物，受当前技术构成影响，潜移默化地思考开发方案，受过去成功经验束缚，在延长线上判断技术发展方向的现象。不管现在的开发者是否有跳出思维定式的能力，至少目前很多企业和机构都有一种担心，那就是很多开发者如果不学会跳出思维定式，只依赖少数王牌开发者的灵感和想法，必定会在竞争中败下阵来。

为什么开发人员首先要跳出思维定式？

如果你正在对一个现有产品进行开发，目标是提高它的性能，那么基于传统结构和技术方法，以及在开发实践的延长线上去开展工作，是最有效和风险较小的。另外，这种模式在获得他人理解方面，几乎不存在太多障碍。最重要的是，如果你知道如何做，并且擅长做，你一定会试图按照这种方式去做，而且往往都很有效。此外，随着开发周期越来越短，允许出错的余地越来越小，你会更倾向于选择这样的方案。

然而，这种开发策略并不是每次都能奏效并持续胜出。正如本书可视化工具 6 "技术进步 S 曲线"所表示的那样，没有什么东西是可以永远获得竞争优势，持续获得市场青睐的。如果不在某个时间点转移使用下一条技术曲线，企业只会停滞不前。到现在为止，产品种类和数量短缺，市场参与者不多，产品的生命周期都相对比较长，但从现在开始，产品生命周期正在变得越来越短。所以，现在已经不是一个靠几个王牌骨干所贡献的令人耳目一新的创意就可以长期吃香的时代了。对于很多开发者来说，提出创新的想法，并将很多人的意见融入作品中，已经成为开发活动中不能忽视的必然需求。学习新的思考问题的方法，理解和吸收他人的智慧，变得极其重要。

企业需要做的一件事就是"可视化"。本书中介绍的许多可视化方法，都是指将自己的智慧和他人的智慧，以图表的形式具象化表达出来的活动。可视化足以有效地消除沟通中的误解和偏差，但它并不是只有这个唯一的作用。通过可视化过程中的写或画，能够帮助我们正确认知自己和他人的思维模型和框架，驱动我们进一步深度思考或转化思维视角。与你的开发合作伙伴们一起将可视化用于自己的业务实践中，并努力激励对方跳出框框，创造出更好更有价值的产品吧。

第 3 章

可视化你的计划

17 超越客户期望价值的可视化——K矩阵

当今社会，即使是响应了顾客"什么什么"的需求，也不能保证产品一定会受欢迎。就像21世纪第一个十年的后半段Wii家用电子游戏机以其能够让家庭甚至初学者都能享受到游戏的乐趣而大受欢迎一样，需要顺应时代的发展，提供超越客户期望的价值，谋求差异化。

这里介绍的K（价值）矩阵是用来构思超出消费者预期的价值的。将马斯洛"五大需求理论"中所表达的"人类在任何时候都有的基本需求"，以及随着趋势变化而变化的、影响或制约顾客购买行为的未来环境进行可视化，人为强制整合，思考价值创造。

对于日常很难注意到的客户内在的本质需求和环境，通过这种可视化操作，可以发现很多价值需求点，而不必依靠天才开发人员的灵感。另外，因为表意过程很清晰，所以在会议或其他场合更容易向他人解释为什么需要它的背景和原因。所以，比起脑海中浮现的想法和创意，听众们更容易判断某一个想法是好还是坏。

要点：
- K矩阵是将恒久不变的人的本质需求和随着趋势而变化的环境，进行关联整合的可视化方法。
- 在随趋势变化的横轴上，要注意有"时间""空间""组织""心理""能力"几个维度。

第3章 可视化你的计划

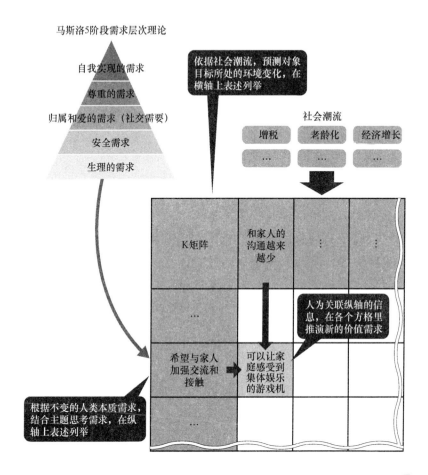

[将不变的人类本质需求和环境趋势变化进行交织对照
——以家庭用游戏机企划为例]

18 功能和结构价值的可视化——价值图谱

当你看一个产品时,是否有过这样的情形,会想这个功能究竟为了什么而必需呢?即使在开发过程中你认为是很好的功能而特意增加,但如果你的客户没有感知到它的价值,那就会被白白浪费掉。

价值图谱就是解决这些问题的可视化方法。通过树状图探求为什么需要这个功能,以及这个功能想要提供的价值是什么,你可以直观具象化地看到这个功能的更高目的(价值)。一旦忘记了现有的限制因素,你就有可能提出一个更容易实现客户需求价值的功能。同时,价值图谱让你也有机会审视价值本身的必要性问题。

需要注意的是,如果太过回溯到更高层次的价值,讨论可能会演化成一场关于业务或公司经营战略方面的辩论,导致讨论焦点分散或脱轨。因此,要根据项目的约束条件和目标,控制在什么阶段回溯到较高的价值,这个分寸的把握十分重要。例如,如果需要对现有产品进行大规模改进,或者需要大幅度降低成本,建议讨论时可以回溯到 3~4 个阶段,如果是小规模的改进,回溯到 1~2 个阶段即可。

> **要点:**
> - 斯坦福大学的石井浩介等人开发了价值图谱。
> - 需要注意,回溯层级太多,容易让讨论偏离原先焦点。

第 3 章　可视化你的计划

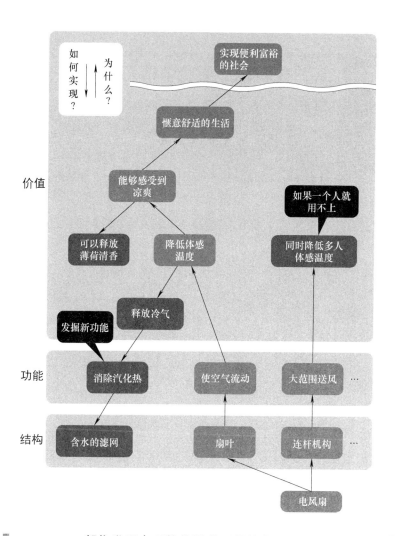

[帮你发现实现价值需求手段的价值图谱
——电风扇企划]

19 客户视角的必要价值的可视化——归因分析

客户真的需要这个功能吗？上一节所描述的价值图谱为我们提供了一个机会，让我们回到价值中去考虑其他代替功能，或者质疑价值本身的必要性。如果你想重新审视价值的必要性，就必须站在客户的立场上，在这种情况下，你可以使用另一种可视化方法——归因分析。

这种方法从顾客的角度出发，用"肯定性""否定性""中性"和"基本要素""差异化要素""决定性要素"的 3×3 矩阵来组织展示产品的功能，进行归因分析。这样一来，就可以直观地看到哪些功能对于目标客户来说是关键差异化的，或者其本身是理所应当的。如果根据分析的结果有否定性功能，就可以对其进行改进，使其成为肯定性功能，或者消除中性功能。

在实际使用归因分析的时候，如果目标客户不同，会出现分析结果的肯定性与否定性互换的情况。因此需要注意的是，可以用它来验证当初假设的客户是否真的正确，也可以通过改变目标客户来研究差异化的领域。

要点：
- 产品卖点可以区分为"基本要素""差异化要素""决定性要素"。
- 进一步细分，可以分为"肯定性""否定性""中性"3 个维度，以此确定差异化要点。

第 3 章 可视化你的计划

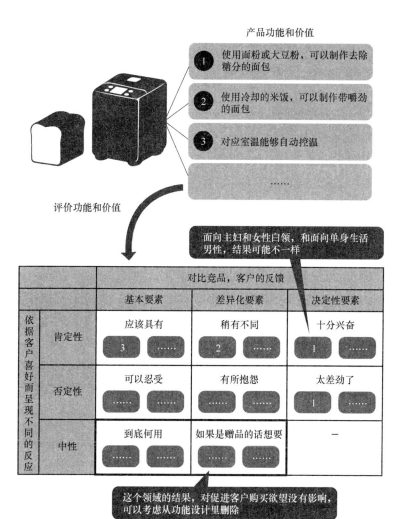

[客户视角的差异化归因分析
——家用面包机企划]

20 各个功能市场价值的可视化——功能价值分析

客户真的需要这个功能吗？功能价值分析是根据销售数据将功能的市场价值可视化的一种方法。在开发过程中，确定某项功能的必要性是非常重要的，因此这种能够将价值量化且可视化的方法是说服相关人员做出决策的重要武器。

具体来说，是采用一种叫作多元回归分析的统计学方法。

让我们以空调为例。假设在功能的有无（有无空气净化功能）、功能特性值优劣（制冷量××kW）方面存在价值差异，则"产品销售总额=功能 A×功能 A 的价值 α+功能 B×功能 B 的价值 β+……"的公式成立。基于这一假设，收集具有不同功能、特性值有优劣之分的多种产品的销售数据，并对前面的方程式进行求解，就可以得到函数 α 和 β 的值。

虽然这种可视化方法乍一看是十分便捷的工具，但也有一些需要注意的地方。比如功能之间存在关联性（当制冷量大时，除湿量也大），以及不能用功能表示的贡献等，在结果里面并没有考虑到。在实际应用过程中，请进行充分的事先论证和初审。

要点：
- 通过多元回归分析审视每个功能，判断是否需要保留。
- 该可视化方法是说服相关人员的有力武器。

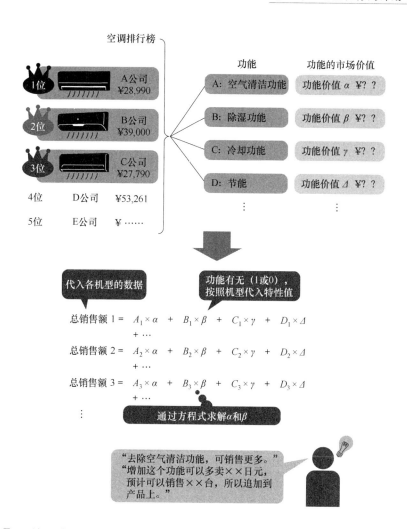

[使用多元回归分析方法，确定功能优先度的功能价值分析
——策划空调新产品]

21 产品价值领域的可视化——价值回报分析

通过价值回报分析,可以看到产品满足了"在什么环境下的什么的需求"。这是寻找开发新产品方向的一种工具,也是 K 矩阵的另一种用法(可视化方法 17)。具体来说,是先问问自己,产品(以及它所具有的功能)首先要提供什么,来澄清要提供的价值(价值回报),然后将要提供的价值映射到 K 矩阵上。这样,就可以通过观察"需求×未来环境"这两个轴来找出应提供价值的领域。

这可以让你从提供价值的视角,明确产品的开发方向或者发现偏差,其结果是帮助你针对现有产品无法满足的需求,开展集中探讨并专注于满足需求的创新。比如,可以对同一个需求,以现有的产品为立足点,思考在不同环境里能否创新出新价值。更重要的是,还可以应用这些方法,来绘制自己和竞争对手的产品价值图,以分析和洞察未来有可能陷入成本竞争的领域或尚未开拓的领域。

要点:
- 将本企业产品映射到 K 矩阵上的一种可视化思考方法。
- 可以直观把握所提供价值的偏差,发现未开拓领域等。

第 3 章 可视化你的计划

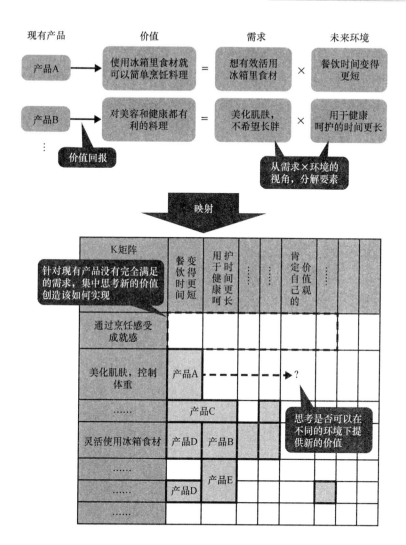

分析现有产品提供的价值
——以食品公司为例

22 促进从不同角度思考的可视化——视角、视野、视点

虽然我们知道一个好的企划，需要多角度各种各样的创意，但由于受"职位和立场""主观猜测""过往经验"等不自觉的影响，最后往往会使想法偏向于某一方向。所以，应该刻意训练自己有意识地改变看待事物的方式，拓宽思维框架，为此需要了解"视角""视野""视点"等不同思考问题的方法。视角是指从哪个立场，视野是指多广的范围，视点是指聚焦于哪里。通过有意识地转换自己思考的立场、范围、重点，可以更好地拓展自己的思路，提炼并发现解决各种问题的对策和方法。

其中，切换视角的效果是最大的。举例说，在上班高峰期电梯迟迟不来，针对这个问题，如果是从一个员工的角度来看，可以马上想到"增加电梯"以解决拥挤现象。不过，如果是行政部门的负责人，可能会想到或许可以通过改变问题本身的设定，寻找到新的解决方案，比如执行"错开各部门的上班时间"的政策，这样就可以避免电梯集中使用。在现实工作里，其实很多人搞不清视角、视野和视点的真正含义，不能清晰地区别使用，而影响了发现最佳对策的效果。如果你没有准确领会这三个概念的现实意义，就无法正确地转换视角、调整视野、聚焦视点。要用好这三个思维方法，首先就从改变视角开始。

第3章 可视化你的计划

要点：
- 视角、视野、视点是讨论创意时必不可少的用语。
- 通过强制性切换三种思考方式，能更好地激发并拓展思路。

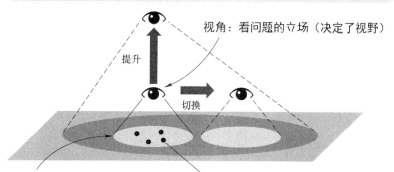

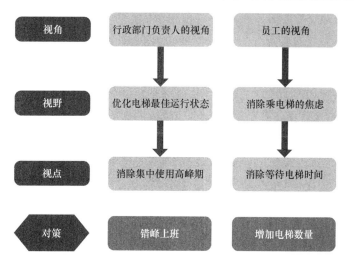

视角、视野、视点
——以上班高峰期电梯迟迟不来为例

23 将事物拟人化以促进创意的可视化——SLP

你是否听说过一个项目，可以让怀有宝宝的妻子的丈夫，通过扮演孕妇来体验怀孕生活的不易？当只在脑子里思考的时候，有很多事情我们并没有意识到，也无法完全感知理解，但是如果通过使用五官去扮演成别的角色时，便可以很容易激发当事者的意识和行为，形成身临其境的感知体验，加深理解。SLP（聪明和愚钝小人法，Smart & Stupid Little People）就是这样一种独特的模仿体验方式，很好地使用了角色扮演来实现情景模拟，通过沉浸式感知，提高理解的效果。

在产品开发场景中，可以把产品的一部分假想成一个小人，然后，以小人的身份去感同身受，用自己的五官去思考自己会说什么、做什么。换句话说，是从产品的角度，而不是用户或开发者的角度来提出解决问题的想法。

这里的关键是，要关注和拟人化一些微观或微小的东西，如打印机中的墨水颗粒或吹风机中的风（空气）的分子。越是微观的物体，视角变化越大，越容易激发新的想法，迫使你切换到一个你平时不曾想过的角度，拟人化"模仿"的效果能让你的想象力得到巨大延伸。

要点：
- SLP 本是 Smart Little People 的缩写，源自于苏联的发明问题解决理论（TRIZ）。

第 3 章 可视化你的计划

- 通过扮演聪明（或者愚钝）的小人，可以触发平时不易觉察的思考角度，所以合并为 Smart & Stupid。

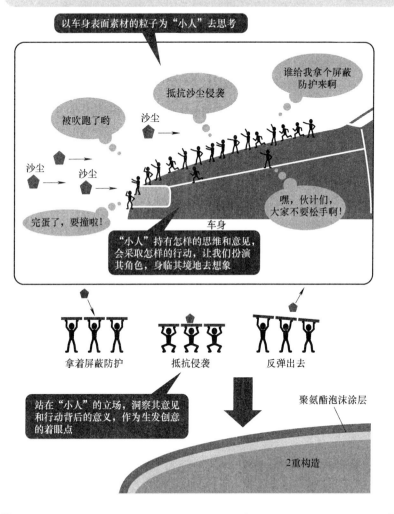

[以"小人"的视角去思考的 SLP
——防止汽车车身劣化]

24 将事物简化的可视化,提出解决方案——物质-场模型

在策划产品的时候,有时候是为了解决某一个具体的问题,这便成为开发的主题。例如希望改善马克笔的书写体验,而策划新产品。这种情况下,使用物质-场模型将有助于提出解决问题的新思路,制定可行的计划。物质-场模型是将功能描绘成一个简单的三角形:"物质 S1"为被作用对象,"物质 S2"为作用对象,"场 F"为作用类型。模型的结构用来模拟物质之间的相互作用,然后尝试通过改变或增加物质或场来提出新的解决方案。

下图所示为马克笔的例子,描绘的是用来黏附的化学物品"场 F:墨水""物质 S1:纸张"和马克笔笔尖"物质 S2:合成纤维"之间的相互作用不充分,难以黏附的示意图。如图所示,可以通过考虑物质和场的变化来找到解决方案(例如,将场从墨水变为凝胶,或合成纤维变为固体凝胶)。当想用简单的方式重新思考问题,试图寻找新的解决方案时,建议大家要好好使用物质-场模型,特别是在涉及的关联人员有很多不同想法,对问题的看法又比较复杂的情况下。

要点:
- 物质-场模型和 SLP 一样,源自于发明问题解决理论(TRIZ)。
- 用"物质 S1""物质 S2"和"场 F"三角形简单地描绘事物。

物质：零件、材料、人、环境等
场：机械、热、化学、电、磁、光等

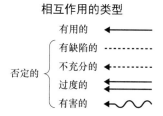

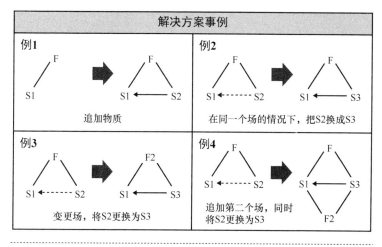

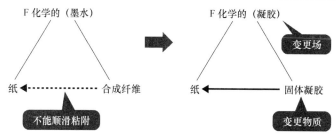

用三角形思考相互作用的物质-场模型
—— 改进马克笔书写体验

25 跨界思考的可视化——NM 法

经常可以听到的是，长期从事同一类产品开发的人员往往容易陷入思维固化的深渊，很难源源不断地创造出新的想法。这个时候，使用 NM 法会比较有效。这种方法鼓励对不同领域的例子进行类比，提出一些不是现有思想外延的新想法。这种方法原本是作为一种发明方法设计出来的，在激发产品开发新思维方面也特别有效。具体来说，首先要设定代表课题本质的关键词，给出不同领域的例子进行类比。然后，理清事例的背景，将背景与课题联系起来，从而产生新的思路。

要使用好类比，需要引发类比的关键词必须击中课题的本质。如果关键词没有击中课题的本质，那么在后续的步骤中考虑的解决方案就有可能偏离方向。同时，也要注意类比事例所属领域的关联性的远近关系。如果想要一个新颖的想法，最好使用关联关系尽可能远的事例，而如果想要一个容易实现的想法，应该使用关联关系较近的领域的事例。通过重复这个过程，能有针对性地进行思考，最终学会不依赖方法，灵活运用类比思维。

> **要点：**
> - NM 法是日本创造工学研究所中山正和先生提出的（所以取了"中山"日语发音的首字母 N，"正和"日语发音的首字母 M）。
> - 通过设定的关键词与不同领域事例进行类比获得新思维的方法。

第 3 章 可视化你的计划

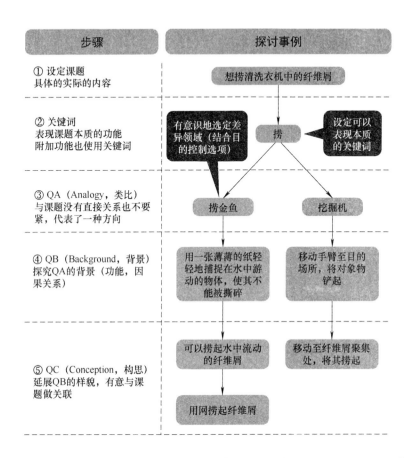

[
通过类比获得创意的 NM 法
——新洗衣机产品企划
]

26 整合团队智慧的可视化——思维导图

相信大家都有过这样的经历，当自己苦于想不出一个好点子的时候，常常会想起团队成员的意见而深受启发，最终想出一个好点子。一些研究表明，集体智慧远远高于个体智慧。在相同的时间内，以团队的形式提出想法，比单独提出想法，然后以团队的形式讨论，可以催生更多的智慧。所以，我想介绍一个十分实用的方法，帮助你活用团体智慧，这就是思维导图。它是一种通过联想将思想联系起来的思维过程，并将过程可视化，促进思想创新。

思维导图是一种非常灵活的方法，可以在一张纸的中心写下要思考的主题，然后从那里径向延伸出分支，连接关键词，拓展思路。这是在不停止团队思考的情况下将想法可视化的好方法，因为你可以写下任何想到的东西，并将其与你联想到的东西联系起来。在想自由讨论的情况下，比如开发项目的第一次会议，最好使用它。另一方面，它不适合收敛思想，所以可以与下一页的KJ法或其他有收敛步骤的方法结合使用。

要点：
- 托尼·布赞提出的一种思维方法和理念。
- 在一张纸的中央写上要思考的主题，并将枝条径向延伸，拓展思路。

第 3 章 可视化你的计划

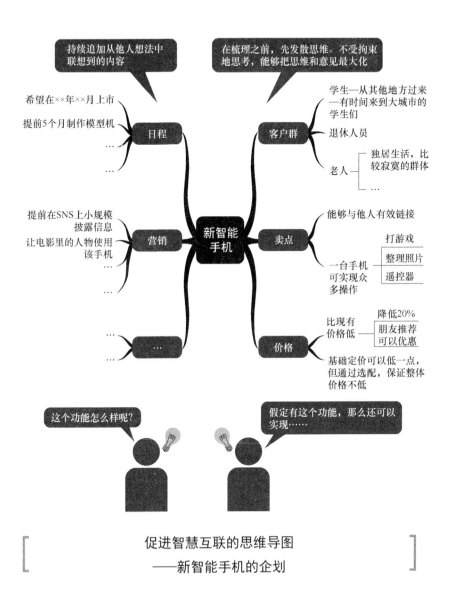

促进智慧互联的思维导图
——新智能手机的企划

27 高价值分组的可视化——KJ法

KJ法是通过实地调研和头脑风暴，将获得的不同信息进行整理，从而获得解决问题的线索和新思路的方法。具体来说，就是将通过收集信息获得的内容逐一写下来，在不断分组、设置标题的同时，说明各种信息之间的关系（因果、目的、手段等），最后文字化。它可以用于各种问题的解决，但在本书中，建议在计划或策划阶段尤其要积极活用。策划是针对具体的产品，通过反复的思想发散和融合，不断细化产品内容的阶段。如果思想发散不够广，策划就很难超出现有框架。另外，根据思路的衔接方式不同，策划的内容与结果最终也会有很大的变化。KJ法适合用于这种发散思维和串联思路。

KJ法往往被误解为仅仅是对同类内容进行分类的方法，常见的误区有：急于下结论，强行归类；或肤浅地理解书面文字，加标题，歪曲文意。这个方法的关键是要找到有价值的分组。因此，在考虑分组和标题时，一定要让相关人员相互了解，充分讨论，统一认识。

要点：
- KJ法是文化人类学家川北二郎发明的（KJ法以K代表川北，J代表二郎）。
- 根据解释的不同，分组的方式会发生变化，所以找一个高价值的分组很重要。

第 3 章 可视化你的计划

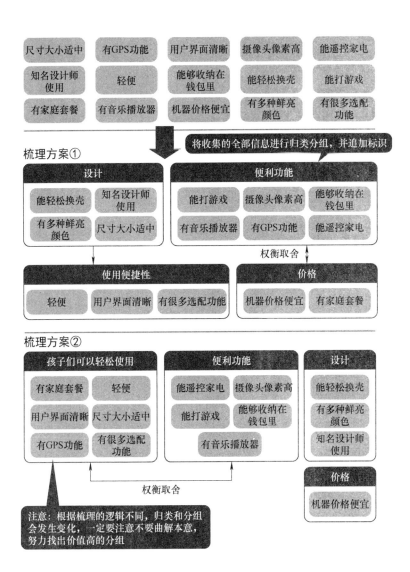

从发散到集中的 KJ 法
——新品移动电话企划

28 需求类别可视化,防止遗漏——需求分解

需求分解是用树状图来组织产品需求的方法,目的是看是否无遗漏地掌握了产品需求的所有信息。

在产品策划和创意阶段,确定和整理新产品需求的同时,不断衍生出新的具体的想法,逐步固化产品概念和定义。这些需求里面,有的是影响产品人气的"喜悦感因素",有的是对产品具象化的"制约因素",要同时把握好这两个方面。如果只关注"喜悦感",可能会在开发的后半段,遇到项目因没有考虑到制约因素而被迫放弃等问题。另一方面,如果只关注"制约因素",那么很有可能让产品丧失独一无二的"满足喜悦感需求"的卖点,最终变成一个没有特色的产品。

为了不陷入这种情况,通过"需求分解"将产品的需求可视化。通过性能、可靠性、成本等各种角度的分析,梳理出"喜悦"或"制约"的需求的归类。这样就可以减少产品需求的遗漏。此外,还可以明确产品的特点(性能导向或成本导向等),利于后期产品营销,准确向市场传递产品卖点。

要点:
- 对产品的需求,从性能、可靠性、成本等角度,分为"喜悦因素"和"制约因素"。
- 本方法对于创造一个具有鲜明特色的产品是至关重要的,不会使策划过程受挫。

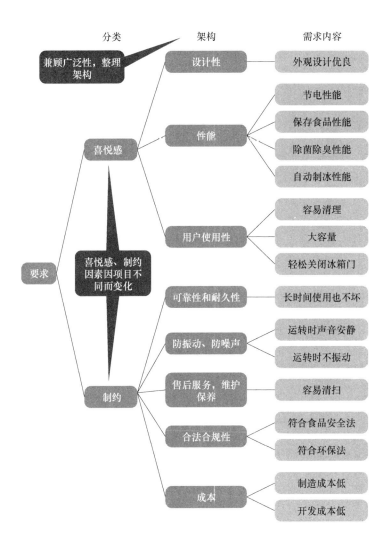

通过树状图，对产品进行需求分解
——新冰箱的企划

29 与客户价值交换链的可视化——客户价值链分析 CVCA

在策划产品时，确定客户需求很重要，但在这之前，更重要的是首先要了解客户是谁。这是因为，如果不单单将用户，而且将与产品相关的利益相关者（如中介机构和物流公司）视为客户，那么产品应该提供的价值就会发生变化。

CVCA（客户价值链分析）是一个十分有用的工具，用于整理和分析谁是客户，向客户提供更好的价值交换。通过将与产品相关的所有利益相关者确定为客户，并以图表的形式说明利益相关者之间的金钱和信息（包括投诉）的交换，就可以直观地了解提供了什么样的价值以及向谁提供了价值。以计算机零部件制造商为例，如果关注维修时的价值交换，就会发现，当故障不需要在经销商处维修时，公司直接向最终用户提供零部件，而不是让终端用户去零部件店购买零部件进行维修，这在交货时间和成本上都是互利的。CVCA 可以可视化价值交换，但无法将价值交换的原因可视化，而下一节的 WCA 正好弥补了这一点。

要点：
- 本方法是由斯坦福大学的石井浩介等人开发的。
- 本方法确定了产品所涉及的利益相关者，并把金钱和信息的交换过程可视化。

第 3 章　可视化你的计划

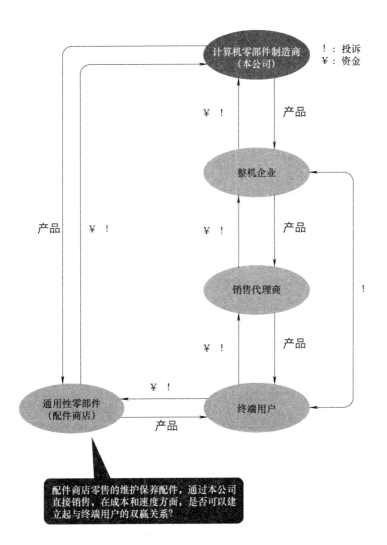

把价值流可视化的 CVCA
——分析计算机零部件公司商业模式

30 利益相关者需求链的可视化——需求链分析 WCA

上一节所述的 CVCA 能有效地将利益相关者之间的价值链可视化，但它并没有明示为什么利益相关者之间会有这样的价值链。价值链的背后，很多情况下，是人们假设利益相关者希望做某事或给他人某物的愿望。WCA（Wants Chain Analysis）有助于你直观地了解当前的需求价值链，以及需求价值链是否得到满足。通过关注这些需求，还可以思考新的价值交换与创新。WCA 根据马斯洛的需求阶段理论对需求进行分类，并以 2×2 矩阵的形式组织起来，直观地反映出需求在利益相关者之间的传递关系，满足需求的方式是利己的（我想做某事或我想让别人为我做某事），还是利他的（我想让别人怎么样或我想让别人为其他人做某事），满足需求的行动是自力（由我）还是他力（由别人或向别人），以及它们如何在利益相关方之间传递。通过观察这个矩阵，讨论需求是否得到满足，就有可能创新出新的价值交换。如果专注于利他的需求，更容易激发智慧产生新的想法，所以实际运用中要注意这一点。

要点：
- 庆应义塾大学研究生院系统设计与管理科在 CVCA 的基础上设计了这个系统。
- 用利己与利他、自力与他力的矩阵来思考新的价值交换。

第3章 可视化你的计划

该案例是"VOLVIC"品牌矿泉水1L到10L项目的CRM（Cause Related Marketing），用WCA进行可视化。利己需求的取舍关系，以及利他需求是如何通过利益相关者链条直达最终受益者的，都明确地可视化了。

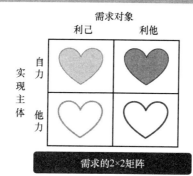

需求的2×2矩阵

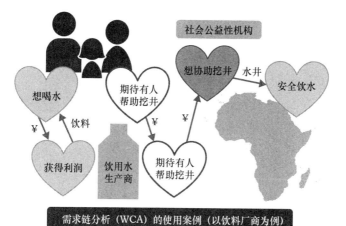

需求链分析（WCA）的使用案例（以饮料厂商为例）

图出处：庆应义塾大学研究生院系统设计与管理科

[把人们的需求进行可视化的需求链分析
——新矿泉水的企划]

31 目标客户具象化的可视化——库珀的人格理论

我们有时会听到有人说,他们想做一款吸引所有类型客户的产品,但产品的功能太多,以至于没有特色。其中一个原因就是不清楚产品应该以什么样的价值吸引什么样的客户,相关人员之间没有形成共同认知。

库珀的人格理论可以用来避免这种情况。使用这种方法,要具体而详细地描述一个标志性的、虚构的客户。根据市场调研或访谈,对现有关键客户(如老客户)的行为进行观察,建立一个虚构的人物形象,并对其进行详细的定义,从名字到生活环境,从性格特征到生活方式。在这样定义用户形象的同时,想象如果是这个角色的话,他将想要什么,又如何做决定,通过这个思考模拟促进所有相关方的共同理解。一旦创建了一个角色,就可以在开发过程的每个阶段对其进行持续的判断和评估。因此,可以在此基础上具象化出必要的功能和产品特性,防止产品企划成本打水漂,避免了开发平庸产品的风险。

要点:
- 本方法描述了一个虚构的客户,并定义了他的个性和生活方式。
- 本方法是由阿兰·库珀(Alan Cooper)创造的,现在已经被应用于许多领域。

第3章 可视化你的计划

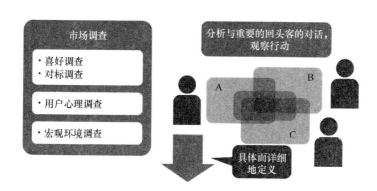

姓名	冈本　翔	年龄	17岁
职业	高中生 兼职收入　每月2000日元	性别	男性
居住环境	从地铁站步行15分钟（或者公交车5分钟）主要使用自行车 最近车站是千叶县松户站	家庭构成	父　隆夫　　41岁 母　美由纪　43岁 妹　惠子　　14岁
日常生活	每周三次在快餐店打工 没有参加学校社团活动，自由时间较多，和朋友及女朋友在一起的时间较多 …… ……	不擅长	同一件事情持续不断地做（飘忽不定） …… ……
不同主题的价值观	【购物】 ·兼职收入不会储蓄，全部花光 如果热衷某事会有浪费的倾向 【媒体】 ·对于流行很敏感，善于学习新知识，入手新的东西给朋友们展示，并能够感受到快乐 【交流】 ·珍视与朋友的友谊。喜欢把自己喜好的东西和事情与朋友们共享，喜欢分享自己的喜悦情感	兴趣爱好	喜欢新事物，一旦喜欢上就会热衷起来 …… ……

[开发有突出特色的产品时不可或缺的人格理论
　　　　——娃娃机产品企划]

32 提案优先级的可视化——摘星图

在开发工作中，经常会遇到要从多个创意中筛选出优秀创意的情况。最常见的一个问题是，很难缩小思路，让大家都满意，特别是在涉及面比较广的情况下。当遇见这种情形时，摘星图是一种非常有用的可视化工具。

摘星图是一个工具，可以用来将多个想法和产品提案缩小到最好。具体来说，就是输入每个创意的评价结果（○、△、×等），并与创意总数和评价创意的指标（如销售估计、成本、开发难度等）进行对照，然后图表化。通过对比评估结果，可以实现将最好的想法和计划可视化。

在使用摘星图时，关键点在于评价本身，即能否客观、无差异地开展评价活动。因此，需要尽可能具体地、量化地制定○、△、×的判定标准，并注意与有关各方达成共识。但是，无论评价指标设置得多么客观，如果重要的评价指标被遗漏或权重不当，可能就无法正确直观地反映出优先程度，下一节所述的"投票系统"是对这一情况的补充。

> **要点：**
> - 从不同的角度进行相对评价，从多个创意中选择优质的。
> - 一般把相扑运动员的胜负图用○和×等表示出来，称为摘星图。

第 3 章 可视化你的计划

评价指标	企划 1	企划 2	企划 3
设计 (评价依据越明确越好)	○ 启用新锐设计师	△ 保持传统设计	× 构造上为一般的设计水平
用户使用便利性	◎ 搭载新的触控面板，实现更愉悦的显像效果	△ 使用以往的触控面板	× 使用旧款触控面板
价格	× ¥90,000	△ ¥70,000	○ ¥50,000
尺寸	△ 和前一个机型一样 70×150×10 (mm)	△ 和前一个机型一样 70×150×10 (mm)	○ 实施小型化和轻量化 65×130×7 (mm)
重量	○ 120g	× 180g	○ 120g
开发难易度 (可以给评价指标加上权重)	△ 兼顾设计和尺寸比较难	○ 现有技术就可以开发出来	○ 现有技术就可以开发出来

注意：改款较大的产品，如果用以往的指标可能无法全面评价，所以要认真衡量评价指标本身。

［多角度评价创意的摘星图
 ——新手机企划］

33 创意潜在优先级的可视化——投票法

上一节所讲的摘星图,能有效地从多个创意中缩小最佳创意的范围。但这种方法有一个问题,就是除非评价指标全面、权重适当,否则无法选出最佳创意。

可以采用一个简单易行的方法——投票法。让成员根据自己的标准在多个创意中投票选出自己认为最好的那个,这样就可以缩小优秀创意范围,在相关人员中形成共识。如果投票结果与客观指标的评价结果有差异,说明摘星图有可能存在对创意没有实现完全评价的可能性,投票结果使创意的潜在优先级得到了进一步提升。这时,可以重新回到摘星图,注意追溯分析评价指标里可能缺少的评价标准和权重误差。

当对客观评价指标没有完全把握,或者有很多人认为有可能有遗漏的时候,投票法特别有用。投票后确认投票人心中的标准,也有助于重新审视评价指标是否存在遗漏,进一步校准指标权重。

> **要点:**
> - 简单易行的技巧,缩小最佳范围。
> - 可以揭示那些无法用摘星图(工具 32)充分评估的潜在优先级事项。

第 3 章 可视化你的计划

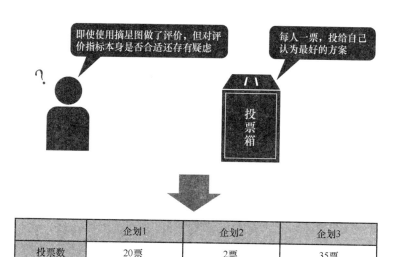

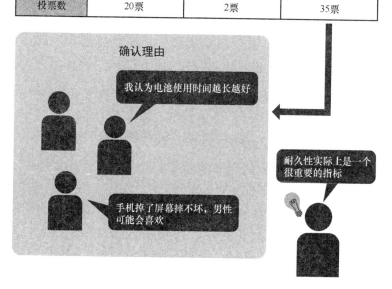

[简单易行筛选优秀方案的投票法
——新手机企划]

34 可视化价值,让用户感知——原型机

俗话说"一图胜千言""百闻不如一见",在试图通过语言文字传达产品形象时,所能传达的内容是有限的。使用图片或实际产品自然更容易传达,具有很强的信息传递力,这同样适用于开发场景。必须清醒地意识到:在策划阶段,通过问卷调查来了解产品是否能被客户接受,是很难获得准确数据和结论的。

这时,原型机就派上用场了。原型机是在开发的早期阶段,验证客户是否真的需要企业试图提供的价值的一种有效方式。首先是在产品所要提供的价值中,提取出早期想要确认的价值,此时通过价值图谱来明确不受实现手段约束的价值内容(可视化方法 18)。接下来,考虑的是在该时间点上,价值容易被体验的手段。例如,如果想验证"产品的易持性"这一价值,有一种方法是利用身边的物品,只粗略地创建手能接触感知的部分。以计算机为例,如果想验证坐在椅子上的瞬间计算机就能自动启动,为了表现这种功能,可以让幕后工作人员手动启动计算机。

需要了解的是,这里介绍的原型机是指能够验证价值就可以的,特别需要注意的关键点是,不一定需要展示整个产品的完整形象。当想到原型机时,往往会想到接近最终形态的原型机,以确认性能和质量,以便进行批量生产,所以往往会认为没有图样就做不出来样品,而且成本高、耗时长。相反地,如果换成只要能验证价值,什么方式都可以的思路去思考,就会减少限制,即使在上游开发的早期阶段,价值验证也能成为可能。

第 3 章　可视化你的计划

> **要点：**
> - 只需要用身边的物品粗略地制作，就能轻松验证价值。
> - 不要有"没有图样就做不出来""一定要接近最终形态"这样的想法。

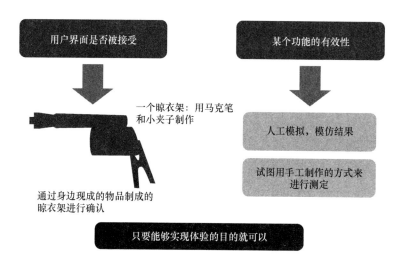

[　　　　　　　验证价值的原型机　　　　　　　]

35 开发想法和合理性的可视化——涵盖任务执行的产品计划书

　　产品计划书是对产品的概况和盈利能力进行总结，以确定产品开发是否可行的文件。在本节中，主要介绍影响开发决策的关键要素。除了展示盈利能力外，制定产品计划书主要明确两点：①明确产品提供的价值，客观地展示产品的独特性和优越性是什么；②阐述负责开发的人和负责执行的人的想法。

　　关于第①点，如果价值不清晰，优势不明确，产品的必要性和企业做这个产品的意义就会变得模糊不清。用分析结果量化总结客户需求、价值需求和竞争优势之间的关系，是一个有效的可视化方法。当组织结构中负责开发计划的人和负责执行的人不同时，这一点就更凸显重要。因为即使计划被批准，如果负责执行的人没有主人翁意识，项目也不会顺利进行。因此，策划负责人和执行负责人最好共同制作一份方案，有些情况下，可以在产品计划书中为执行团队编写一个任务执行书，描述对执行方面的想法，并明示必须将开发工作进行到底的意志。

要点：
- 如果计划负责人和执行负责人分开，则共同撰写计划书。
- 为了实现开发能够有始有终，为负责执行的人写一份任务书。

第 3 章 可视化你的计划

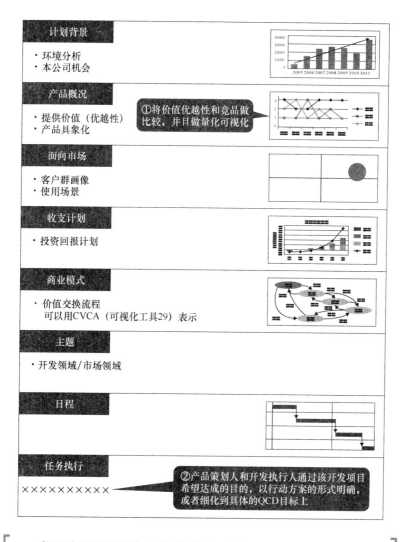

[产品计划书是否包含收支计划、价值优越性、任务执行]

第 4 章

可视化你的设计方案

36 从需求到产品具体化的可视化——质量功能展开 QFD

在开发过程的后期，突然发现客户的需求或公司的目标并没有转化为产品……想必每个人都有过这样的经历吧。

对于产品的需求，先是要转化为产品的功能和体现产品结构的图样，再转化为生产过程中制造出来的实际产品，最后才作为价值提供给客户。在这一连串的开发和制造活动中，如果信息不能准确有效地传达或者有遗漏，就会直接导致开发工作返工，为了避免这种情况的发生，QFD（质量功能展开）在管理过程中是十分有用的。在 QFD 中，用一张名为"质量表"的二元表，将需求与产品的质量特性、实现需求的功能和零部件、生产过程之间的关系，直观地表现出来并将这些信息连接起来。通过该表，可以了解哪些部分与需求密切相关，哪些生产过程与重要部件紧密相关。通过这种方法，可以提取出需要重视的功能，确定需要在设计评审中确认的重要特性，确保需求可以正确地转化为产品。这种可视化方法是一种应用范围很广的工具，实操中结合企业的实际课题，灵活创新地使用它会事半功倍。

要点：

- 将需求、功能、零部件、生产过程之间的关系用二元表组织起来。
- 它是由赤尾洋二和水野滋先生在 20 世纪 60 年代开发出来的，并被应用到各行各业的产品开发中。

第 4 章　可视化你的设计方案

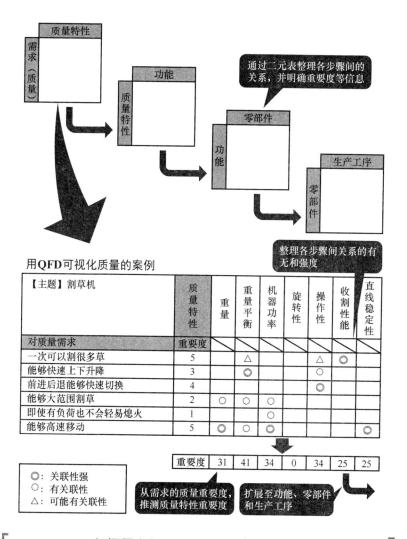

把握需求与零部件对应关系的 QFD

37 开发过程中不同领域间关系的可视化——领域配置矩阵 DMM

DMM（领域配置矩阵）将开发过程中考虑的不同领域的项目之间的关系（存在/不存在和强度）以二元表的形式可视化。这里的"领域"是指产品开发过程中每一步要考虑的项目要素，如需求、功能、零部件和生产过程等。上一节介绍的 QFD 中使用的质量表，也是 DMM 的一种。

在所有的 DMM 中，在设计阶段最常使用的，是将产品所要满足的需求和功能，与实现这些需求和功能的零部件和设计参数之间的关联度绘制成表格。除了 QFD 中解释的"从功能和需求的关系分析，重要零部件是什么"等用法外，还可以将"需求达成评价里没有评价和没有验证的程度"和"各零部件的设计规范没有最终确定的程度"通过数字量化，在二元表中进行评价。通过这种量化评价，在统一相关方对开发状况认识的同时，还可以俯瞰产品的完成程度。特别是在多需求、多功能、多零部件相互关联性强的领域，在评价、验证、设计研究还没有进展的情况下，需要负责人在相互协调的基础上共同提高完成度。因此，在项目管理方面也要采取措施，如经常召开技术评审会等。

要点：
- 统一相关方对开发状况认识的同时，还可以俯瞰产品的完成程度的二元表。

第4章 可视化你的设计方案

- DMM 是 Domain Mapping Matrix 的缩写。
- 几个 DMM 组合起来就是 MDM，即 Multi Domain Matrix 的缩写。

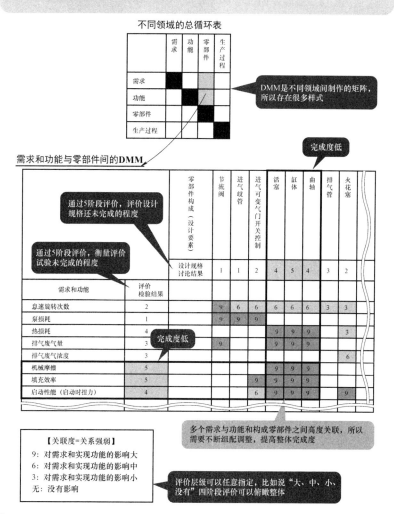

[通过二元表表示关系强弱的 DMM——发动机设计案例]

38 产品功能的可视化——功能分解

功能分解是一种用树状图，系统地将产品应该具备的功能可视化的方法。

功能是指产品为满足要求而应具备的能力，常常用"它做……"这样的句子来表达。在树状图中，考虑的是实现上层的必要条件，将上层功能没有遗漏地，一步一步地分解为下层功能。

关键是，这些功能的目的是为了实现一些要求。因此，要从需求分解（可视化工具 28）中妥善整理好的每一项需求开始，思考如何实现每一个具体需求，又如何进行开发。开发人员比较容易具象化的是具体实物，所以很容易陷入一步跳跃至零部件的形状和规格去思考的误区。为了避免这种误区，在开发的初期阶段，需要不受实现手段的限制，开放式思考如何满足需求的功能。为此，最好明确区分功能和实现手段（零部件和软件控制），尽量避免在功能分解阶段使用限制手段的表述方法。通过这样的分解过程，可以清晰知道需要实现的目标，并且不受现有零部件的限制，思考实现功能的可能手段。

要点：
- 在开发初期思考实现需求时使用。
- 不要一步到位地考虑形状和规格，要先考虑功能。

第 4 章 可视化你的设计方案

如何实现排位靠前的需求和功能？

需求分解（可视化工具28）

- 趣味性，游戏化
- 收益性
- 可靠性和耐久性
- 服务和维护
- 成本
- ……

- 完成基本动作
- 可以调整难易度

- 用户操作，抓取奖品
  - 识别用户操作
  - 传递操作信息
  - 移动吊臂
  - 抓取奖品
  - ……
- 识别奖品种类
  - 识别奖品颜色
  - 传递奖品颜色信息
  - ……
- 调整难易度
  - 把握奖品形状
  - 计算抓取力量的修正系数
  - 修正抓取力量

从需求为起点，容易思考必要的功能，防止遗漏

顾及开发项目的制约因素的同时，最大程度地不约束零部件的实现手段

也可以运用在DMM（可视化工具37）的项目筛选里

	零部件
功能	

[**通过功能分解整理满足需求的功能**
——娃娃机设计]

39 设计要素的可视化——设计要素分解

设计要素分解是使用树状图将产品的设计要素系统地可视化的方法。设计要素是满足需求或功能的实现手段,可以由开发人员直接控制(可以确定尺寸和规格)。具体来说,设计要素从上到下,按照产品⇒单元⇒零件⇒零件的设计参数的顺序进行细化。类似于产品物料清单,它能有效地与相关方共享整个设计信息,但其优点并不仅限于此。

厘清需求分解与功能分解之间的联系,即目的与手段的关系,设计要素分解的真正价值才得以发挥。通过创建表示产品需求、功能和设计元素之间的连接关系的树状图,在发生设计变更时,可以按照连接关系来确认任何变化所带来的影响。即使是没有经验的团队成员,在应对客户突如其来的设计变更的情况下,也能像资深开发工程师所思考的一样,高效地判断变更影响,并进行全面审查,把握方向。在考虑一项变更影响时,尤其要注意对立关系的领域。这一点将在下一节正反向评价表中解释。

> **要点:**
> - 当客户提出需求变更时,可以快速把握设计变更影响范围的可视化方法。
> - 产品需求、功能、设计元素之间的联系可以在一个树状图中进行可视化。

第4章 可视化你的设计方案

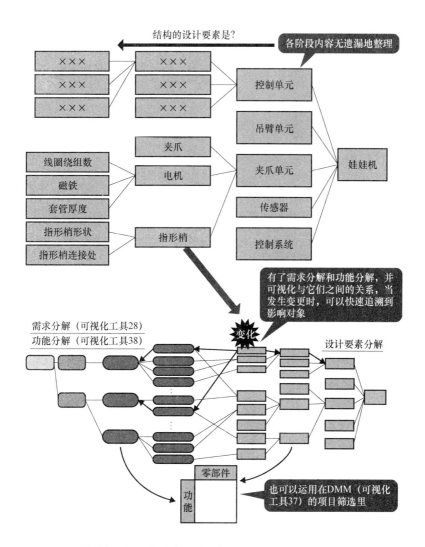

通过设计要素分解分析实现需求和功能的手段
——娃娃机设计

40 设计变更陷阱的可视化——正反向评价表

有些情况下,在开发工作中,"鱼和熊掌不可兼得"这句话完全适用,会发现如果需要改变一个零部件的设计,其中许多功能及其设计参数相互之间有着错综复杂的关系。比方说在开发领域,想改变某个特定零部件的形状来提高性能,但改变形状会导致裂纹出现,降低可靠性,产生系列连锁影响,这种事情时有发生。

当产品越来越成熟复杂的时候,对于这种正反对立的关系,要处理好相互平衡,只是在大脑中理解把握是很难的。所以经常会听到这样的故事:在进行突然的需求变更过程中,由于没有意识到正反作用关系,就贸然进行设计变更,结果导致缺陷或达不成目标的开发行为比比皆是,造成很大浪费。解决这个问题最有效的可视化工具就是正反向评价表。当为了提高特定功能的性能而改变某个设计要素时,观察功能与设计要素之间的联系,提取具有正方向关系的功能。提取的正方向关系的项目与设计变更的目的、变更的部位一起反映在正方向评价表中。此外,通过描述在设计阶段,针对正方向关系项目,开发人员是如何考量的,还可以防止意外问题的发生。

要点:
- 突然的设计变更,导致问题和失误的情况并不少见。
- 理解二元关系中正反对立的设计元素的注意事项很重要。

第4章 可视化你的设计方案

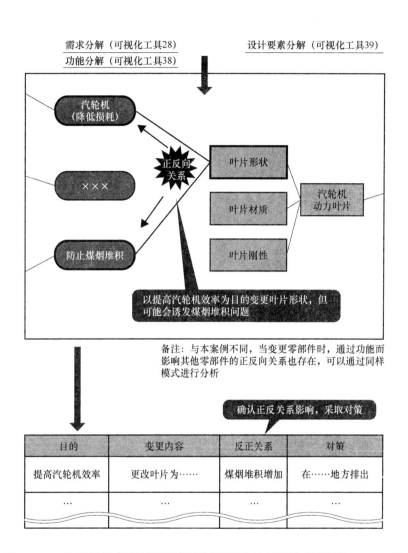

分析设计规格变更时副作用影响的正反向评价表
——燃气轮机设计

41 生产工序的可视化——工序分解

用树状图系统地组织产品的生产过程的方法称为工序分解。生产工序是指将设计要素制作成产品的每一步过程,包括该工序所需的设备、人工操作等要素。与针对功能的设计要素相似,针对设计要素的生产工序也有目的和手段的关系。具体来说,对于产品生产的每一道工序,将其处理方法、必要的设备和稼动时间、作业人员的工作内容和工作时间、注意事项等,无一遗漏地结构化描述在树状图中。

通过这个可视化,可以全面了解工作时间花在哪里,工艺设计中需要注意的点在哪里等内容,并在开发产品阶段,就能从生产工艺的视角,来研究分析可以持续改善的地方。

此外,通过将 QFD(工具 36)中介绍的设计要素与生产过程之间的关系可视化,可以明确与特别重要的设计要素紧密相关的工艺内容。其所带来的成本影响巨大,例如,如果在与不重要的设计元素相关的工序上投入资金太多,就可以判定这是过度投资,需要立即予以纠正改善,以实现投资效率最大化。工序分解的具体方法请参考 4M1E 分析(工具 62)。

> **要点:**
> - 将生产工序通过树状图进行分解可视化的方法。
> - 描绘了设计要素和生产工序的关系,可以清晰把握重要生产工序。

第 4 章 可视化你的设计方案

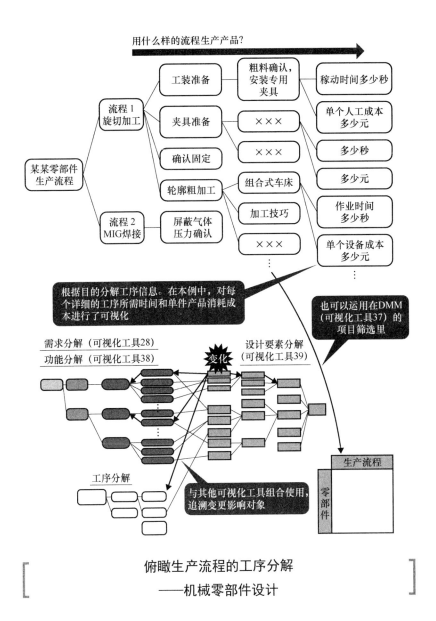

[俯瞰生产流程的工序分解
——机械零部件设计]

— 101 —

42 需求与功能成本的可视化——需求与功能成本分析

近年来，过去"成本低廉品质不高"的新兴国家厂家制造生产的产品品质也在不断提高，所以国际上对于降低成本绞尽脑汁的人越来越多。每个企业都在用自己的方式开展降低成本的改善活动，在这里本书要重点介绍的是需求与功能成本分析。

在这种方法中，利用 DMM（工具 37）把零部件和功能之间的关系可视化，将零部件的成本信息扩展到功能侧，对功能的成本进行分析，找到改善的着力点。关键核心点是制定成本的方法。如果功能与零件之间存在一对一的关系，成本就按原样制定，但如果不是，则要详细调查零部件成本方面的估算内容，包含计算如何利用人工、设备等资源来实现功能，并进行成本分配，这才是理想的做法。然而，这种方法仅调查和研究一个零部件就需要大量的时间和精力。因此，更加有效的方法是，先根据 DMM 的依赖程度的相对比例（这里指的是零件对实现功能的贡献度）进行成本分配，然后再针对需求与功能成本比率高的零部件进行详细的成本分配。利用该可视化方法可以逐步缩小成本改进项目，之后就可以探讨实际的成本改进计划。

要点：
- 将零部件成本配比给功能，进行成本分析的一种方法。
- 可以推算出实现功能的成本，是成本改善的一大利器。

第 4 章 可视化你的设计方案

需求、功能与零部件间的 DMM	零部件（设计要素）	控制单元	吊臂单元	手臂单元	夹爪装置	传感装置	控制装置	筐体
需求和功能	零部件成本 各需求与功能成本	¥20,000	¥10,000	¥15,000	¥3,000	¥20,000	¥3,000	¥40,000
根据奖品种类调整难易度	¥17,490		3	3	9	9	9	
奖品更换和位置调整便捷	¥11,429						6	
确定位置的精度	¥19,494	3	6	6	6	9		
对用户操作的反馈性	¥20,080	3	3	3	3			
旋转手臂	¥17,054			9			6	
抓取奖品（最大握力）	¥4,615				9			
抓取奖品（握力力度平衡）	¥5,615				9			
耐久性	¥32,223	3		3	3			9

根据零部件在实现功能中贡献度的相对比率，分配成本，制作成本排行榜做成本分析

备注：上述成本数据为虚构数据

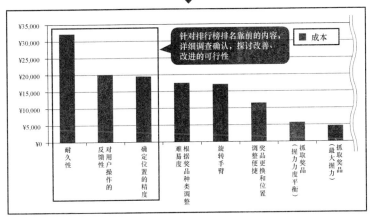

针对排行榜排名靠前的内容，详细调查确认，探讨改善、改进的可行性

[计算各功能单元成本的需求与功能成本分析
——娃娃机设计]

43 需求范围和零部件选项之间关系的可视化——变式DMM

客户需求"因人而异",针对需求的要求程度也有所不同。例如,客户需要使用机床"在短时间内加工某种金属",那么要求的时间是10秒还是5秒,就会因客户的不同而有差异。对产品规格的要求也会不同,比如主轴最高转速应该是5000转/分还是10000转/分。为了详细应对如此广泛的需求,理想的做法是有多个组件选项,对应每个程度的需求,并将其组合成一个产品。另一方面,如果选择太多,管理成本和生产成本同步增加,盈利能力就会下降。为此,必须考虑既能满足要求又能实现盈利的组件配置。

这就是变式DMM(Variation DMM)的用武之地。该工具将需求和需求范围映射到各个部分,并将它们之间的关系可视化。在研究DMM的同时,首先要关注相对于需求范围来说选择数量多的零件,并考虑缩减选择数量。接下来,对DMM进行综合俯瞰,找出具有相同需求范围的选项零件,并考虑将它们组合成一个零件组。通过这样的研究分析,能够找到一种既能响应需求,又能实现盈利的组件配置。

要点:
- 验证零部件多寡的一种可视化分析方法。
- 既满足客户需求,又能保证盈利的一种可视化方法。

第4章 可视化你的设计方案

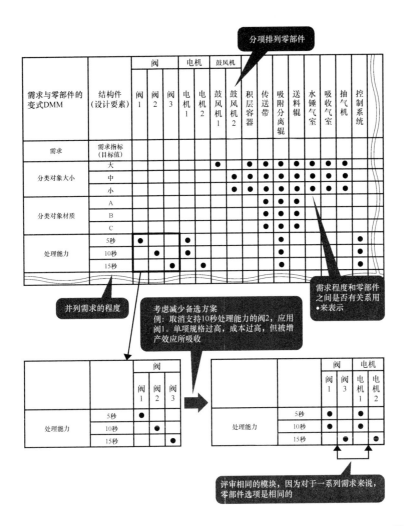

[分析零部件选项多少的变式 DMM
——工业机械的零部件开发]

44 从产品使用方法到功能的可视化——用例图

在开发过程中，从规划到概念研究阶段，需要利用需求整理的结果，对需求的内容和功能进行具体化研究，逐步实现可以满足需求的功能。在这个过程中，如果没有明确产品应该达到的目标，没有事先匹配或统一相关开发人员的意见与认可度，就会增加信息遗漏和理解偏差的风险，导致开发后半段因为未满足市场需求而陷入不得不返工的窘境，浪费大量公司成本。

这就是用例图的作用所在。用例图通过明确目标产品所涉及的人和事，描述他们与产品的关系（使用方法），将产品的需求具象化，将产品的功能轮廓可视化。同时也明确了要开发产品的范围（产品与外界的界限在哪里）。最重要的是要记住，在活用该可视化工具时，要确定使用案例的单位。如果在开发的早期阶段就以非常详细的单位来确定使用案例，那么这些信息可能会变得过于庞大，难以在开发项目中处理。所以是在开发早期，请先对用例进行粗略的设定，重点是要放在统一相关开发人员的共识上面。

要点：
- 图解产品与外部人和物的关系。
- 正确的描述方法是用软件工程里面的 UML 或系统工程里面 SysML 所使用的建模语言来描述。

第 4 章 可视化你的设计方案

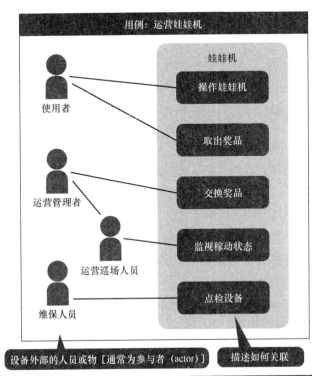

※本书为了表述方便，对原本的用例图表述方法做了简化处理

[整理人和物的关联方式的用例图
——娃娃机设计]

45 产品与外部影响关系的可视化——情境图

情境图是与上一节介绍的用例图类似的另一种工具。在概念研究阶段,情境图是用来明确产品的需求,明确功能的轮廓,明确产品与外界的边界,并将这些与相关人员进行分享的一种可视化方法。

同用例图一样,产品所涉及的外部人和事都被确定下来,但在情境图中,与外部的人和事发生了什么样的互动,存在什么样的影响关系,都以结构图的形式描绘出来。产品与外界交换的物品包括信息、材料、能量等,通过这些物品的可视化,相关开发人员可以整理出产品所需功能的轮廓概要。因为它是一种非常简单的图,即使是不熟悉情境图的人也很容易画出来,所以在概念研究开始后,最好立即召集相关人员制作情境图,并通过这个过程形成对产品的共同认识。另外,虽然情境图和用例图需要可视化的内容不同,但目的是一致的,所以建议两种图可以并用,补充各角度有可能存在的遗漏,将产品的需求具体化为产品功能。

> **要点:**
> - 情境图显示了产品与外界的信息、材料、能量等的交换。
> - 情境图还可以用其他多种方式来描述。

第 4 章　可视化你的设计方案

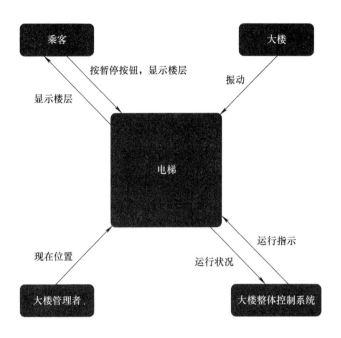

整理产品与外界交换关系的情境图
——电梯设计

46 产品运行状态的可视化——状态迁移图

"行驶、停止、转弯"是汽车的典型动作，但如果再细心一点，就会发现汽车在运行时，是在各种状态之间来回变化的，如停车、上下车、启动发动机、低速、高速、减速等。产品所执行的功能也会根据状态的不同而发生变化，如启动时火花塞放电，减速时蓄电池被充电。这样，在开发复杂产品时，随着时间的推移和用例的差异，产品的状态会发生变化，功能也会发生相应的变化，这时就可以用状态迁移图来组织分析状态的转换。

具体来说，在确定产品的运行状态的同时，用箭头表示这些状态的转换，此外触发状态转换的事件也要标识出来。这种方法有两大好处，一是由于状态的转换及其触发条件可视化，所以更容易把握产品运动的全貌；二是聚焦于状态迁移图中可视化出来的每一个工作状态，重点思考如何实现这些功能，避免功能开发遗漏。因此，针对稼动状态多变的产品来说，在探讨产品的功能之前，建议先创建一个状态迁移图进行可视化思考。

> **要点：**
> - 一种组织和说明产品状态变化的方法。
> - 同名的图有几种不同格式，这里介绍的例子是基于软件工程中使用的 UML 中定义的图。

第 4 章 可视化你的设计方案

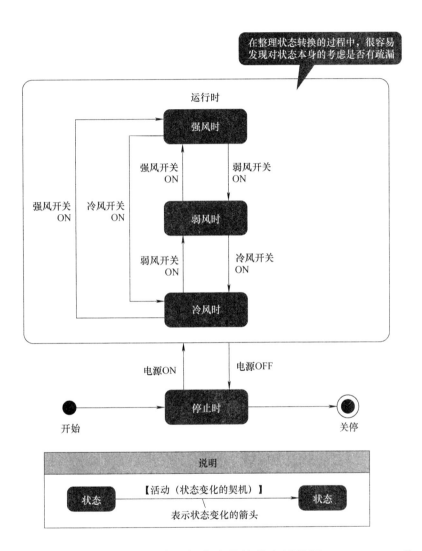

可以一览产品状态变化的状态迁移图
——吹风机设计

47 产品功能之间关系的可视化——功能结构图

当被问到碎纸机的功能是什么时，常常会听到"切纸""使机密资料无法辨认"等答案。正如在功能分解（可视化工具 38）一节中所阐述的，功能是满足需求的一种能力，但从另一个角度看，可以把它看作将一定的输入转化为一定的输出的过程。例如上述碎纸机这个案例，可将其功能定义为将输入的"纸张"通过"切割"的过程转化为"纸片"并输出，或者将输入的"机密信息"通过"使其无法识别"的过程转化为"无法识别的信息"并输出。

这样一来，功能可以被认为是某种输入和输出之间的转换，而功能结构图就是一种组织和分析功能之间关系的可视化工具。方框图（可视化工具 03）表达了功能与功能之间的输入和输出方向，以及要输入和输出的内容。功能结构图的特点是能够俯瞰产品满足某种需求的功能之间的关系，对于思考功能链是否建立起来很有帮助。这也使得我们更容易构思出更好的操作方式和方法，而不受实现手段的限制。根据输入和输出转换的对象不同，有不同类型的功能结构图，在工具 48～工具 50 中会详细介绍。

> **要点：**
> - 这是一个结构图，说明了作为输入/输出转换的功能。
> - 功能结构图能将功能分解图（可视化工具 38）无法显示的同一层级结构中的关系可视化。

第 4 章 可视化你的设计方案

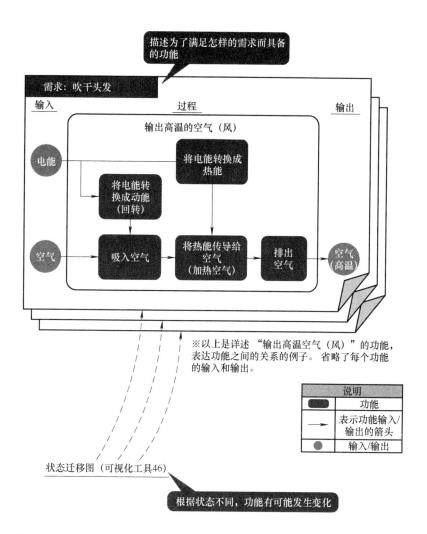

组织输入/输出结构的功能结构图
——吹风机设计研发

48 功能间能量流的可视化——能量的功能结构图

以能量的输入/输出转换为主的功能结构图（可视化工具47）是能量的功能结构图。在发动机和发电系统等产品中，重要的是优化功率、热量和力（功）的传递，这个可视化工具对于俯瞰能量流转十分有用。以燃气轮机发电系统为例，通过描述燃气燃烧将其转化为热能、转矩机械能，再转化为电能的过程中，所发生的一系列流程和能量的转换值，可以分析出大的损耗发生在哪里。从中可以得到审视功能优化的线索，比如每次能量转换的目标值是否合适，或者是否可以通过改变能量转换的流程来提高效率。

另一方面，有些产品的能量转换无法描述。在这种情况下，可以说我们并没有完全理解能量传递的机制，我们的竞争对手也有可能出现同样的情况。所以，如果我们能搞清楚转换机制，就能找到技术突破口，从而实现行业效率的最大提升，建立竞争优势。

> 要点：
> - 在结构图中显示功率、热量、力（功）传递的方法。
> - 它可以用来改善能量损失，提高能源效率。

第 4 章 可视化你的设计方案

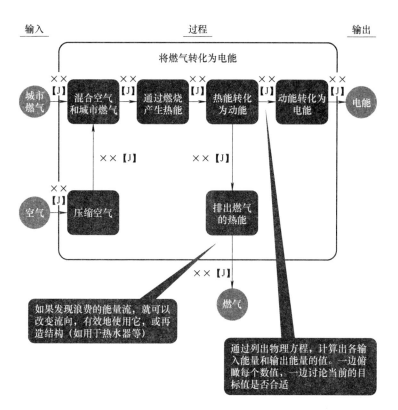

可以俯瞰电能、热能流向的功能结构图
——利用城市燃气的发电系统的设计研发

49 功能间信息流的可视化——信息的功能结构图

信息的功能结构图是功能结构图（可视化工具47）的另一种类型，主要是可视化功能之间信息的输入和输出。具体来说，就是画出一个结构图，描绘出进行信息处理的功能，以及它们之间的信息输入和输出。这种可视化方法不仅对信息系统等软件有用，对家电、精密仪器、汽车等用软件控制硬件的产品也同样适用，可以俯瞰操作指令的流程。

在开发业务现场，我们经常会听到负责硬件的研发人员和负责软件控制的研发人员，因为技术领域不同而无法实现顺畅沟通的声音。最常见的情况就是，硬件开发人员误以为软件控制开发灵活多变，可以轻松设计，所以常常以硬件为主进行产品开发，把复杂的操作控制扔给软件控制开发人员，导致软件开发这一侧很尴尬很为难。信息功能结构图可以有效地打破这种窘境。它可以让软硬件研发人员在一张图上，以信息转换为共同语言，讨论如何用什么样的操作指令来控制产品，当发生分歧时，硬件研发人员该如何应对。

要点：
- 显示信息处理的功能和信息输入/输出的结构图。
- 想研究时间流和功能流的关系时，如多条信息的输入时序，可参考时序图（可视化工具52）。

第 4 章 可视化你的设计方案

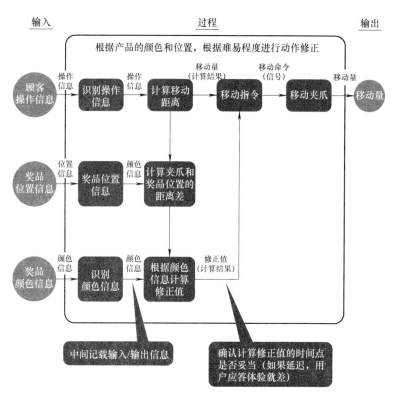

[
可以成为软硬件工程师共同语言的信息的功能结构图
——开发可以通过奖品颜色调整难度的娃娃机
]

50 功能间物流的可视化——物的功能结构图

物的功能结构图是功能结构图（可视化工具 47）的另一种形式，它着重于物质在功能之间的流动。具体来说，就是将给物质施加某种变化的功能排成一列，并画出它们之间输入/输出的物质。这样就可以直观地看到，产品中流动的物质其状态是如何被改变的，并在产品中流动的样子。这对于掌握那些具有"通过化学方法改变物质状态"的功能产品功能流向是很有用的，比如过滤装置和净化系统，可以去除气体和液体中的有害物质。

以汽车尾气净化系统为例，可以描绘出尾气中含有的碳成分、氮氧化物等物质的分步净化流程，了解净化的内容、顺序和数量。在实际产品中，根据具体需求，控制物质转化的流向和转化量的情况很多，所以会经常结合上一节讲解的信息的功能结构图来使用。这样一来，可以同时清晰地分析实现物质转化的控制系统，和为实现此目的而搭配的信息系统，实现全面的研发思考。

要点：
- 该结构图可以说明具有化学方法改变物质状态的功能产品，物质在产品中的流动情况。
- 它可用于处理气体和液体的系统中。

第4章 可视化你的设计方案

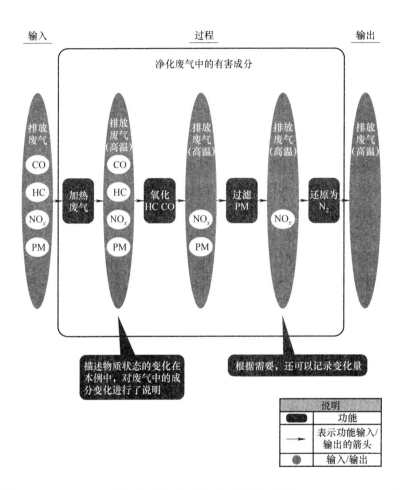

关注物质变化的物的功能结构图
——净化和排放废气的汽车排气系统

51 复杂功能输入/输出的可视化——功能状态表

功能状态表是检查目标产品功能的输入/输出转换的工具，它将功能结构图（可视化工具 47）中所描绘的内容以表格形式呈现出来。具体来说，竖轴为功能，横轴为功能之间信息或能量的输入/输出，将其横向排列，用 IN/OUT 在表格中记述。

在兼有硬件和软件控制的产品中，可以利用多个控制信号进行复杂控制，使硬件执行所需的操作。如果试图用功能结构图来可视化，可能会因为有太多的线条和字符而变得复杂。在这种情况下，功能状态表是有效的。它把能量和信息的输入/输出以表格的形式逐一表现出来，便于检查功能的输入和输出间的转换，所以与结构图相比不容易遗漏。另一个优点是，很容易形成讨论，即设计是否允许多个信号同时进入，或者如果输入移位会不会出现问题。由于功能结构图在直观的可读性上更胜一筹，所以建议只有在交互关系特别复杂的产品上才使用功能状态表。

> **要点：**
> - 功能的输入/输出的转换用表格形式表示。这是功能结构图（可视化工具 47）的表格版。
> - 很容易讨论多个信号是否应该同时输入这样的问题。

第 4 章 可视化你的设计方案

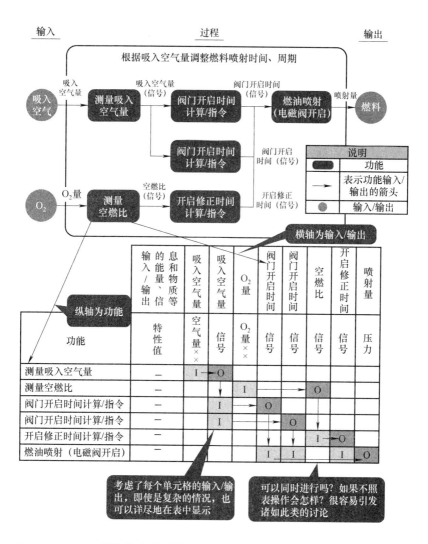

[功能状态表是说明复杂控制的理想选择
——汽车发动机燃料喷射系统的设计开发]

52 时间和控制行为的可视化——时序图

时序图是一种按照时间轴将产品操作和信息处理的流程可视化的工具。以时间为横轴，以功能和功能输出的特性为纵轴，表示操作的开始时间和功能输出的特性值随着时间而变化（如泵的时间与压力上升的关系）。它主要用于控制设计，其特点是能够直观地显示时间的实际使用情况和时序，这在功能结构图（可视化工具47）或功能状态表（可视化工具51）中是无法实现的。

在硬件控制和软件控制错综复杂的产品中，可能会出现一些问题，比如由于信号的时滞，硬件系统在期待的时间点不工作，或者由于硬件系统工作所需时间的限制，不能在必要的时间点接收到转入下一个操作的信号。在这种实际时间轴至关重要的情况下，可采用时序图进行初步确认。可以在纸上进行简单的时序图模拟操作，因此可以确认功能是否已经建立，并在开发的早期阶段发现问题。

要点：
- 可以在纸上进行简单的模拟操作。
- 用于发现控制设计过程中信号的时滞等问题。

第4章 可视化你的设计方案

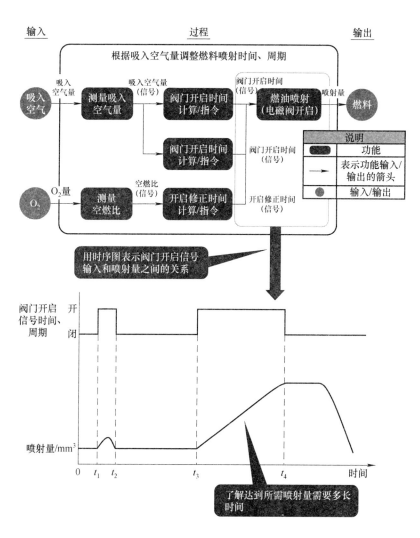

$$\left[\begin{array}{c}\text{在控制设计过程中广泛应用的时序图}\\ \text{——汽车发动机燃料喷射系统的设计开发}\end{array}\right]$$

53 设计要素间关系的可视化——要素结构图

要素结构图用来说明构成产品的设计要素之间的关系，如部件单元和零件。有些企业在创建要素结构图时，称其为系统图。结构图聚焦于零件，通过对信息、材料、能量在零件之间是如何流动的进行描述，描绘出更接近产品实体的形象，便于直观理解。

与设计要素分解（可视化工具 39）不同的是，要素结构图用层次结构图显示设计要素，由于将设计要素之间的关系可视化了，在功能讨论结束后，需要思考零部件构成时，本工具可以作为讨论的基础工具，可以一边与相关开发人员统一认知，一边讨论零部件之间的关系。此外，还可以直观地看到振动、热、异物等引起零部件故障的能量或材料的流动情况，因此可以用来预测故障的发生。需要注意的是，该工具无法表示零件的形状和零件之间的物理位置关系。在设计开发过程的后半段，当需要这样的细节信息时，建议在使用要素结构图统揽全局的同时，用三维的CAD数据确认详细细节。

> 要点：
> - 用来表示各零部件之间信息、材料、能量的流动。
> - 在实际设计过程中也可以用来检查功能流的正确性。

第 4 章 可视化你的设计方案

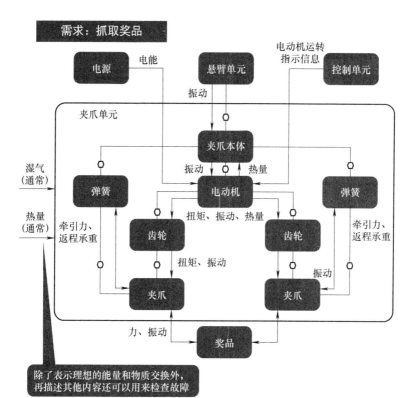

便于直观地理解零件之间关系的要素结构图
——娃娃机设计（夹爪单元）

54 可视化发明原理，激发设计创意——功能类比法（FA 法）

在考虑用什么手段实现某项功能或解决某项具体技术问题时，通常会首先考虑现有的某个部件是否可以使用，如果不能使用，会考虑该部件的哪一部分可以变更。虽然这种研究方式能有效地产生可行性很强的想法，但由于思维仅限于现有想法的延伸，很难产生能带来颠覆性改进的设计思路。因此，需要利用 FA（Function Analogy，功能类比）法。这是一种以从功能和专利信息中获得的设计视角卡片为基础，通过类比探索设计草案的方法。与 NM 法（可视化工具 25）类似，FA 法通过类比来防止思维的片面性。

关键点是类比所使用的设计视角卡片。有一种叫 TRIZ 的创新式问题解决理论，从 250 多万条专利信息中分类抽象出来 40 条发明创造原理，FA 法根据这些原理设置了 6 大类 17 个视角，这些视角对考虑设计思路是有效的。一般的类比法会产生离奇的想法，容易出现不适合开发阶段的缺点，而 FA 法从以 40 条发明创造原理为基础的视角出发，十分适合产品开发，既可以防止片面性思维，又可以探索出非常具有可行性的设计方案。

要点：
- 以设计视角卡片为基础和以功能为类比的设计思路，共设有 6 大类 17 个视角。

第 4 章　可视化你的设计方案

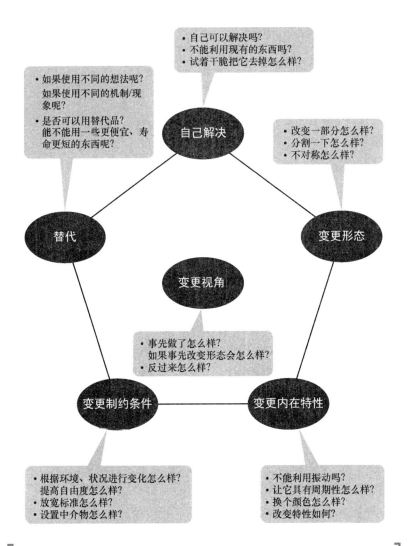

以功能为中心激发设计方案的 6 大类 17 个视角

55 问题发生结构的可视化——应力强度模型 SSM

防止产品故障和缺陷是开发中最重要的课题之一。这是因为，一个容易坏掉的产品不会得到客户的信任，而且一个产品如果出现故障或失灵，一旦酿成安全事故，很有可能蔓延成社会问题，威胁到企业的持续生存。为了提前预测故障和缺陷，有必要了解问题发生的因果关系的原理。

SSM（Stress Strength Model）是一种将问题发生的因果结构可视化的方法。根据产品使用环境和条件的不同，产品负荷（应力）发生强弱变化，相对于负荷，如果产品的强度或耐久性超越不了负荷而失效，问题就会发生。依据这个原理，可以找出问题与问题发生的因果关系并加以结构化。这种方法在产品的功能和主体结构确定后，在思考提高稳定性和鲁棒性方面是有效的。通过使用 SSM 对问题发生的可能性进行预测，并将结果可视化，可以有效地检查设计遗漏。此外，通过对企业过去所经历的问题的前因后果进行整理和积累，可以防止问题的再次发生，同时还可以预测新的问题。

> **要点：**
> - 构建负荷（Stress）和强度/耐久性（Strength）之间的关系。
> - 是由东京大学的田村泰彦通过对故障预测的设计知识结构化研究而设计出来的。

第 4 章　可视化你的设计方案

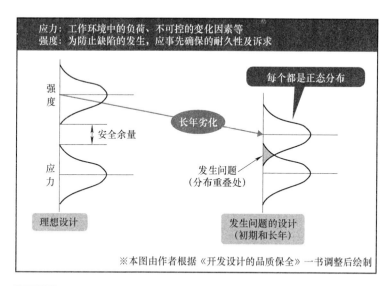

问题	应力原因	强度原因	对策
弹簧的塑性变形	弹簧要应对重复应力	弹簧强度不够	换成强度高的材质
	弹簧产生热应力	弹簧强度不够 耐热性不足	配置成不易受热
	……	……	
	……	……	

描述应力与强度的对应关系，从而理解应力与强度的关系，能够规定在假设的应力量下不发生问题的强度极限值更好。
例：屈服点必须大于或等于应力××Mpa

[通过 SSM 来梳理问题发生的因果关系
　　——弹簧缺陷的检查]

56 发生问题的因果关系和发生可能性的可视化——故障树分析 FTA

当一个技术问题发生时,你有没有因为想快速解决问题而仅凭经验估计原因并采取对策? 如果原因估计正确,问题可以很快解决,但如果原因估计错误,可能会胡乱采取对策,耗费更长时间,损失更多成本,还存在巨大隐患。

故障树分析(Fault Tree Analysis,FTA)是通过将问题事件的因果关系绘制在树状图中,从逻辑上推算和分析问题发生原因及发生概率的方法。FTA 从可靠性或安全性的角度出发,针对某一个不期望发生的事件,通过自上而下的思维,用逻辑符号和树状结构来描述这个事件的发生过程,分析事件发生的路径、发生的原因、发生的概率。在分析已经发生的问题或推定问题原因时,运用 FTA 进行逻辑思维,可以避免仅凭经验来发现隐患的陷阱,并采取适当的对策防患于未然。

准确估计发生概率是很难的,每家企业都在试图尽最大努力。其实,逻辑性地合理分解和分析问题的前因后果,对企业来说就已经很有用,所以首先应该在这方面下足功夫,而不必苛求确定发生概率。

> **要点:**
> - 如何利用逻辑符号和树状图来推测问题发生的原因。
> - 要用自上而下的思维分析问题发生的路径、原因和概率。

第 4 章 可视化你的设计方案

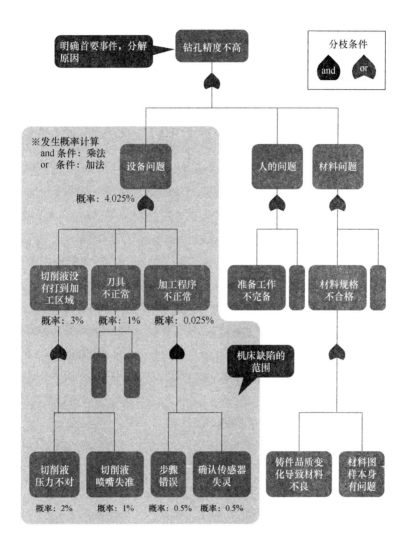

发现问题原因的 FTA
——研究机床缺陷

57 问题风险和对策的可视化① ——故障模式影响分析 FMEA

故障模式影响分析（Failure Mode Effects Analysis，FMEA）是在产品设计和工艺设计中提前预测质量问题的原因，预防问题发生的一种方法。与上一节所述的 FTA 采用自上而下的思维方式推算具体事件的原因不同，FMEA 采用自下而上的思维方式，从零件及其功能出发，列出故障模式，然后对其发生的概率和发生时的影响强度进行评价和评分。

具体来说，FMEA 针对产品设计和工艺设计，提取可能发生的问题，利用影响严重度（SEV）、发生频度（OCC）、探测度（DET）三个指标对风险进行评估，确定优先级，并采取预防措施。FMEA 的关键是要区分功能故障和引起功能故障的故障模式，了解各自的定义和关系，然后采取对策。功能故障是指所需功能不能实现的状态，用"××功能故障"来表示。故障模式表示一个部件的结构问题，如破损或磨损。功能故障作为一种现象，显示的是"功能不工作的状态"，它并不能说明造成功能失效的结构问题。因此，在考虑设计和工艺设计的措施时，必须深入研究故障模式。正确理解功能故障的内涵很重要，要清晰地明确故障的具体内容，如功能完全不工作、工作但未达到预期目标值，还是延迟了工作等，只有这样才能进行恰当的风险评估。此外，由于 FMEA 是一种预测未知问题的方法，因此应用 FMEA 可以活用 SSM（可视化工具 55）等，创造性地研究什么样的负荷

（应力）和强度的组合，会导致什么样的故障模式。

> **要点：**
> - SEV、OCC 和 DET 三个指标被用来评估风险。
> - SEV 是指影响的大小，OCC 是指发生的频度，DET 是指发现的难度。

SEV（Severity）：发生时的影响大小
OCC（Occurrence）：发生的频度
DET（Detection）：发现的难度
RPN（Risk Priority Number）：风险顺序数=SEV × OCC × DET

零件	功能	功能故障	故障种类	故障影响	SEV	原因	OCC	现行设计管理（预防/发现）	DET	RPN	设计对策	DR结果
电机	旋转向齿轮传递动力	向齿轮传递动力失灵	线圈短路	火灾	10	结冰（高湿度）电机密封不严	7	无	10	700	追加密封材料	
			线圈断线	运作不良	8	* * * \n * * *	*	* * *	**	**	* * *	

[**FMEA 表——汽车零部件的缺陷检查**   ]

58 与以往产品差异化的可视化——变更点/变化点管理表

"很多失败的原因不是因为全新的设计研发，而是因为在传统产品的设计变更过程中忽略了应考虑因素。"——在设计研发领域经常会听到这样的声音。如果问题的原因与以往的产品变更有关联，那么只要仔细研究变化，就有可能在问题发生之前就发现问题。

这时，变更点/变化点管理表就派上用场了。这一方法能够从多角度直观地反映以往产品的变更。具体来说，包括从零件的规格、形状到周边环境，以及用户对产品的使用情况等角度。

重点是要从主观设定变更而产生的变化点，和客观上结果发生变更的变化点两方面来把握产品变化。特别是那些非主观变更的变化点特别容易被开发者忽略，所以要用可视化工具唤起开发者们的注意。另外，为了提高效率，开发人员很有可能会做一些本末倒置的事情，比如"沿用已经发生变更的项目，完全无视变化"。为了防止这种情况的发生，在实操层面，一定不要盲目随意重复使用已变更项目，有效做好变更点管理并及时确认评审。

> **要点：**
> - 防止以往产品经常出现的"设计变更疏忽"。
> - 既可以捕捉预期的变化，也可以预判最终结果会导致的变化这两种情况。

第 4 章 可视化你的设计方案

确认事项		以往产品	本次产品	
			变更点	变化点
需求/功能	性能	难易度是确定的，恒定控制	难易度根据奖品种类自动调节控制	—
	可靠性	5年质保	改为8年质保	—
	安全性	以××规格为准	←	
	用户体验	控制按钮大小为××	控制按钮大小为××	
	重量	150kg	120kg	
	法律法规	奖品重量限制为××kg		奖品重量限制为××kg
实现手段（机构）	硬件	吊臂单元为××模式	吊臂单元变更为××模式	
	软件	使用××回路设计	采用最新的××控制单元	—
使用环境		面向室内游戏厅	面向百货公司屋顶游乐场	受天气影响，比方说水灾
制造工序	操作者、管理者	…		
	设备	筐体使用××设备	变更为××设备	…
	材料	—		
	工艺			
配件采购	传感器	AA公司	BB公司	
	…	…	…	…

> 确认项目就是自定义适合自己产品的内容

[注重应对变化的变更点与变化点管理
　　——娃娃机设计]

59 问题风险和对策的可视化②——基于故障模式的设计评审DRBFM

前文所述的 FMEA（可视化工具 57）是发现可能的故障模式和采取预防措施的方法，但有可能忙于填写表格中的各个项目，以至于忽略了它的本来目的，逐渐形式化。这时，用于提高 FMEA 可用性的 DRBFM（Design Review Based on Failure Modes，基于故障模式的设计评审）便有了用武之地。

DRBFM 是将 FMEA 的目的——"以 FMEA 表为工具发现新问题并采取对策"，落实到实践里去的一种思维方式和过程。DRBFM 的主要特点是将 FMEA 与设计评审结合起来，根据 FMEA 分析的结果，通过相关各方的讨论，发现并解决问题。此外，在这里进行的 FMEA 重点关注的是变更点和变化点，其主要目的是有效分析问题的风险。

DRBFM 的成败取决于在设计评审时，是否有能力发现开发人员预想外的问题或对策的不足之处。开发人员一定要清楚地认识到 FMEA 不是一种义务，而是一种工具，它可以帮助你在评审时获得建议反馈，促成更好的设计开发，避免开发项目之后陷入困境。

> **要点：**
> - 这是丰田汽车公司开发的一种以预防为主的设计评审方法。
> - 根据 FMEA 研究的结果，有关方面可以通过讨论发现并解决问题。

第4章 可视化你的设计方案

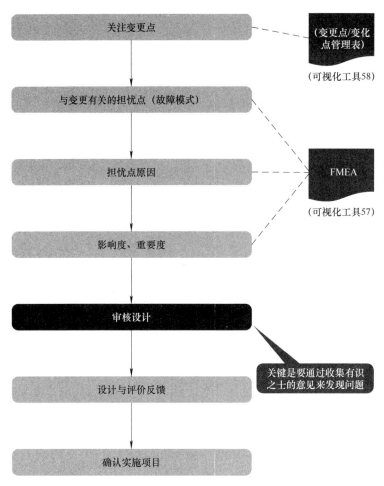

资料来源：《丰田的预防措施GD³》，笔者有所补充

[根据 FMEA 发现和解决问题的 DRBFM
——结构和实施步骤]

60 风险对策优先顺序的可视化——风险矩阵分析

风险矩阵分析是根据问题发生的影响程度在纵轴上的大小和发生概率（频率）在横轴上的大小组合，直观地反映风险对策的优先性和必要性的一种工具。一般来说，它可以用来分析各种风险，但这里要介绍的是如何与 FMEA 结合使用（可视化工具 57）。

FMEA 对风险发生时的影响严重度（SEV）、发生频度（OCC）、探测度（DET）进行评价，以各指标的乘积（RPN）作为风险顺序数，设定阈值来确定是否需要采取对策，是一种常用的操作方法。另一方面，FMEA 方法有可能无法发现"发生频率低，但影响巨大，所以要采取对策"或"影响小，但发生频度高，所以要采取对策"等问题。这时可以在 FMEA 中加入风险矩阵的概念，利用 SEV/OCC/DET 的组合表来确定是否需要采取治标且治本的对策，这时根据 FMEA 风险评估的结果，基本上可以确定应该解决的问题。由于基于风险组合的对策必要性标准，需要根据行业和产品的特点进行调整，所以建议由专家进行讨论制定。

要点：
- 结合 FMEA（可视化工具 57）说明风险应对措施（对策）的优先级。
- 也可用于处理"发生频度低但影响巨大""影响小但发生频繁"等问题。

第 4 章 可视化你的设计方案

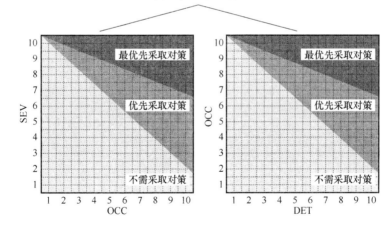

活用风险矩阵的 FMEA

61 推进设计（故障）对策方案的可视化——设计对策的三个框架

设计对策的三个框架是针对可能发生的故障逐步考虑对策的机制，包括：(1) 防错设计、(2) 安全容差设计、(3) 容错设计，对保证可靠性和安全性具有重要意义。在考虑针对问题的对策时，需要留意 (1) 和 (3)，这样可以使对策方针的讨论更加容易开展。

避免故障是最重要的对策，是尽最大努力减少故障的发生。具体来说，包含削弱负荷或者加强应力（提高耐负荷力），使其能承受相应负荷。(2) 安全容差设计与 (1) 则完全相反，是允许出现问题，但要控制问题的发生，一旦发生问题也能保证安全。对于安全关键型产品，尤其要积极使用。(3) 容错设计与 (2) 相同，虽然容许出现问题，但即使出现问题也要能控制住产品维持正常运行。例如，在电源故障的情况下，临时切换到备用电源，使设备能够继续运行。(1)、(3) 是根据故障的严重程度和制约因素综合考虑，提高产品的可靠性。需要注意的是：(1) 是理想的对策，(2) 和 (3) 是基于 (1) 必然不可能或 (1) 不完美的情况下，采取的多重保障。

要点：
- 确保可靠性和安全性的三个框架。
- 理想情况下，应该通过防错来解决问题。

简版FTA（可视化工具56）

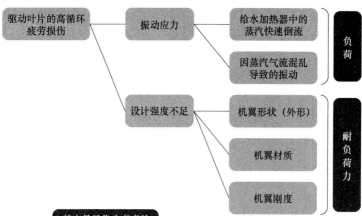

设计对策的 三个框架	思考模式		对策事例
(1) 防错设计	防范问题发生的设计	控制负荷	追加控制蒸汽流量的装置
		提高耐负荷力	改变形状和材料以增加机翼刚度
(2) 安全容差设计	如果出现问题，一定要将其控制在安全范围内，以减少损失		提高外壳的强度，以防止疲劳破损时也不会冲破外壳飞出外壳
(3) 容错设计	设计时要考虑即使出现问题，整个系统也不会停止运行。即使功能减少，系统也应继续运行		变更控制系统，在部分叶片疲劳破损导致发电量下降时也不会突然停止

注："基本是最优先考虑的"（指向(1)防错设计）

[
确保可靠性和安全性的三个框架
——燃气轮机疲劳破损的对策
]

62 生产要素的可视化——4M1E 分析

即使确定了能够实现理想性能的完美的产品规格和图样，如果实际产品不按照这些规格和图样制作，也无法获得客户的满意。所以，对于开发人员来说，在研发环节，保证未来生产可以按要求高质量实现，也是非常重要的一个使命。4M1E 就是一个方便开发人员思考这些内容的有效可视化工具，它包括人员（Man）、机器（Machine）、材料（Material）、方法（Method）、和环境（Environment），简称"人机料法环"。在关注生产过程中需要考虑的重要内容时，4M1E 分析是最简单、最容易的工具。

一般来说，在前面介绍的利用 FTA（可视化工具 56）等分析生产过程中的缺陷时，4M1E 分析常作为一种方法被使用，也可以用在开发初期阶段，研发技术人员和生产技术人员共同讨论或共享"计划采用什么样的生产线"等构想。在量产前，将重要部件和关键部位的生产方法和制造要求以 4M1E 的方式进行说明，并对产品规格书和图样中应包含的内容进行检查，就可以降低量产后各种问题发生的可能性，甚至包括"准备量产时却无法生产"的尴尬问题。

要点：
- 4M1E 是五要素的缩写：人员、机器、材料、方法、环境条件。
- 在讨论应该采用什么样的生产工艺时，需要和设计负责人、生产技术负责人紧密磋商。

第 4 章 可视化你的设计方案

项目	预想内容	关注点	对策
人员Man： 人的作业内容、管理内容	每台设备的工装设置和拆卸都由人工完成	因为与之前相似所以没有特别关注点	—
机器Machine： 与设备、机器、软件系统有关的内容	使用过去机型中使用的备用设备×× ×	设备老龄化，担心工艺产能不稳定，考虑放宽对最重要的基准××的容忍度	由设计人员和生产技术人员一起讨论设计内容
材料Material： 与材料零部件有关的内容	使用FC材料	重量较重，所以希望能够用单手就提起来的形状设计	↑
方法Method： 与工艺、方法有关的内容	进行车削和打磨	有先行案例，无特别要求	—
环境Environment： 周边环境（作业环境的照明、空调等）	由于使用了FC材料，所以变更切削液	由于易燃，需要申请使用许可。如果申请未获批准，可能会影响试生产的开始	—

[生产过程研究视角的 **4M1E 分析**
——工业设备零部件（机械加工工艺）]

63 生产异常的可视化——工程能力指数确认表

上一节提到的生产过程中的一个问题是生产中的异常控制。特别是对于那些批量生产的产品，在批量生产前，要确认产品生产是否可以"少异常"，从而实现"均衡化生产"，这就需要提前检查确认规格和图样的好坏。

工程能力指数确认表就是具备这样作用的可视化工具。通过计算工程能力指数的值，即在生产过程中，在样品试制阶段，显示工艺变化的质量控制指数，或者在试制样品之前，通过检查过去类似产品的数据，可以在开始批量生产之前，确认有问题的规格和图样。

如果发现在现有设备和生产现场能力下，生产的不均衡或异常不能达到要求目标，可及早考虑对策，如增加投资提高工艺能力，或考虑保证实现功能的追加对策，例如放宽图样上的公差。但由于对所有规格和尺寸的工程能力指标进行检查非常耗费人力，建议重点检查对满足要求影响特别大的规格和尺寸。此外，当采用全新的设计或新的制造方法进行生产时，在制作样品之前，无法确定工程能力指标，所以需要提前做好试制生产的相关准备工作，以争取时间。

> **要点：**
> - 工程能力指数是评价企业在设定的规格范围内生产产品的能力的指标。

第4章 可视化你的设计方案

- 可以分析在现有设备和生产现场的实力下，能否稳定地生产出均质化产品，减少质量偏差。
- 公差=允许的误差范围。

工程能力指数确认表

确认项目（规格）	管理值（图样规格）	工序名称	试产数量	不良率	工程能力指数 C_p	工程能力指数 C_{pk}	问题点	对策
读盘性能	××ns以下	装配线	25	0%	1.2	—	安装镜头时可能会发生失真	设计人员和生产技术人员针对镜头安装方法再讨论
…	…	…	…	…	…	…	…	…
…	…	…	…	…	…	…	…	…

在每个试产阶段都制作改善记录，并备份好

工程能力判定基准示例

$C_p(C_{pk})$	判定示例
$C_p \geq 1.67$	工程能力很好，在可能范围内进行工程简化
$1.67 > C_p \geq 1.33$	具备工程能力，下次试产时继续确认
$1.33 > C_p \geq 1.00$	工程能力不完备，在量产前需要改善工程
$1.00 > C_p$	工程能力不足，在量产前需要采取改善工程或者变更设计规格等措施

C_p：判断与规格范围相比的制造余量的值
C_{pk}：判断与规格上下限的变异幅度
　　（在判断与目标尺寸是否存在偏差时使用）
规格：目标性能和尺寸值及其公差

[**控制质量偏差的工程能力指数确认表——CD机生产线**]

64 人为错误要因的可视化——m-SHEL 模型分析表

每个人在日常生活中都会不经意地犯错。这种无心之失，由于时间和环境的不同，可能会发展成一个大问题。在飞机、电厂等重大事故中，因人为错误造成的事故不胜枚举。在考虑采取措施防止人为错误再次发生时，很容易把重点放在培训和教育活动上，但这并不能保证 100%不发生问题。重要的是，要基于人为错误发生的前提和其背后的客观因素，开发出防止人为错误发生或即使发生也不会发展成重大问题的产品。

这时，作为分析人为错误背后隐藏的客观因素的工具——m-SHEL 模型分析就派上用场了。m-SHEL 模型从 S：软件、H：硬件、E：环境、L：周围的人、m：管理角度，分析人为错误背后的诸多因素，包括分析问题发生的原因，预测人为错误发生的可能性等，并提前采取预防措施。使用该工具做好这方面的事先分析工作，可以开发出"避免人为错误"的产品，特别是对于那些开发"由人操作的设备"的开发者来说，这样做尤为重要。

> **要点：**
> - 基于人因工程概念的 SHEL 模型，由河野龙太郎提出。
> - 该模型可以从五个方面提前预测人为错误的发生。

第 4 章 可视化你的设计方案

角度	示例	风险
L: Liveware （中间的L） 造成错误的本人	・生理的，身体上的特性 ・认知特性 ・集团心理特性	仪表上有多个存储器，看起来是一个整体，有误导性
H: Hardware 硬件	产品设计和其他配置	・水容器真空指示器和发电机输出记录仪相邻设置 ・水容器真空度和发电机输出值被设定为相近的数值
S: Software 软件	手册、作业指导书、IT软件	没有在监视器上明示注意点
E: Environment 环境	使用环境	记录仪需要人工读取
L: Liveware （下方的L）周围的人	沟通 团队合作	……
M: management 管理	・组织、管理、体制 ・职场氛围、环境	该系统设计需要人工判断汽轮机手动停止

背后原因

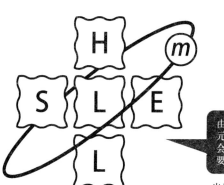

针对可能发生的人为错误，从不同的视角来分析原因

由此可见，中心Liveware的啮合度和周围元素的啮合度匹配不高，有缝隙的地方就会出现误差。而管理它们的m围绕着这些要素

出处：《实务入门：人为错误防止术》

[人为错误原因分析的 m-SHEL 模型分析表
——发电控制系统（运行监控）]

65 人为错误对策重点的可视化——4 个阶段和 8 个角度

上一节介绍的 m-SHEL 模型，是一种分析人为错误原因的方法。一旦查明原因，必须考虑对策。4 个阶段和 8 个角度这种可视化方法为对症下药地寻找解决方案提供了指导方针。这个方法，针对人为错误，在考虑合理对策方案和优先顺序方面，给出了梳理逻辑。

Ⅰ"减少造成错误的作业"，Ⅱ"降低错误发生的概率"，Ⅲ"在假设会发生错误的前提下，有能力预先发现错误发生的倾向"，Ⅳ"降低错误发生后的不良影响"。这是一种按Ⅰ～Ⅳ阶段顺序排列的思维方法。在Ⅰ～Ⅳ阶段按照 8 个详细角度来寻找对策。

特别重要的，但又往往容易被遗忘的，是第Ⅰ阶段的角度①，即消除造成人为错误的作业本身。开发人员往往会认为以当前的设计方案为前提的使用方案或使用方法是理所当然的，所以会在这个惯有思维框架下思考如何避免人为错误。而理想的情况是，本来就不应该让那些诱发错误的作业存在，没有这样的作业，就不会导致错误的使用，进而彻底消除错误。所以建议开发人员要积极使用这种方法，并时刻注意对应措施的优先级和思考方式，就一定会让研发做得更加卓越，成为优秀的研发人员。

要点：
- 这是一种依次考虑"减少造成错误的作业"和"降低错误发生的概率"等四个阶段的方法。

第 4 章 可视化你的设计方案

- 需要注意的是，消除作业本身容易被忽略，进而造成人为错误。

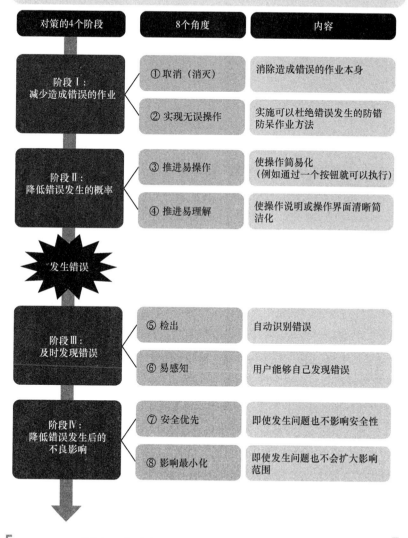

通过 4 个阶段和 8 个角度，降低人为错误

66 最小实验模式的可视化——交互作用表

在考虑设计方案或生产工艺方案阶段，需要检查与目标相关的各参数的贡献率有多大，是否具有抗干扰能力，然后再考虑最优实现方法方案。要在几种方案中确定最佳的实现方式，实验是必不可少的。然而，选择越多，就需要更多的实验模式来确定最佳的选择。为此，利用质量工程中经常使用的交互作用表，就可以用来研究分析最小实验模式。

交互作用表有不同的类型，在这里要介绍的是 L18 交互作用表。如图所示，如果有 8 个可控的设计参数，一共需要进行 4374 次实验，但如果采用 L18 交互作用表，只需进行 18 次实验，就可以得到与 4374 次实验相同的结果。然后，通过对实验结果的统计分析，可以找到各参数的性能贡献。在很多情况下，每个参数都有相互影响的作用，但关键的一点是，在交互作用表中，当关注一个参数时，其他参数水平的组合模式是分散的，相互作用的影响被抑制了。

> **要点：**
> - 少量的实验和统计分析可以一起进行，不需要对所有模式进行实验。
> - 抑制了参数之间的相互作用。
> - 扰动是导致目标功能（其特征值）变化的原因，比方说不必要的噪声。

第4章 可视化你的设计方案

设计参数		设计值			
		水平1	水平2	水平3	
A	材质	Ni合金	碳素钢		2水平
B	机翼厚度	0.5	0.6	0.7	2水平
C	机翼宽度	5	5.5	6	3水平
D	机翼角度	…	…	…	3水平
E	间隙	…	…	…	3水平
F	表面粗糙度	Rz6.3	…	…	3水平
G	硬度	500	600	700	3水平
H	个数	…	…	…	3水平

> 从这里选出最符合条件的,如果全部实验需要4374次

$$2 \times (3的7次幂) = 4374$$

> 使用交互作用表,18次实验即可

L18交互作用表

试验编号	设计参数							
	A	B	C	D	E	F	G	H
	材质	机翼厚度	机翼宽度	机翼角度	间隙	表面粗糙度	硬度	个数
1	A1	B1	C1	D1	E1	F1	G1	H1
2	A1	B1	C2	D2	E2	F2	G2	H2
3	A1	B1	C3	D3	E3	F3	G3	H3
4	A1	B2	C1	D1	E2	F2	G3	H3
5	A1	B2	C2	D2	E3	F3	G1	H1
6	A1	B2	C3	D3	E1	F1	G2	H2
7	A1	B3	C1	D2	E1	F3	G2	H3
8	A1	B3	C2	D3	E2	F1	G3	H1
9	A1	B3	C3	D1	E3	F2	G1	H2
10	A2	B1	C1	D3	E3	F2	G2	H1
11	A2	B1	C2	D1	E1	F3	G3	H2
12	A2	B1	C3	D2	E2	F1	G1	H3
13	A2	B2	C1	D2	E3	F1	G3	H2
14	A2	B2	C2	D3	E1	F2	G1	H3
15	A2	B2	C3	D1	E2	F3	G2	H1
16	A2	B3	C1	D3	E2	F3	G1	H2
17	A2	B3	C2	D1	E3	F1	G2	H3
18	A2	B3	C3	D2	E1	F2	G3	H1

> 无论取哪一列,表格中的组合数都是一样的,所以如果以A1和A2的平均数为例进行比较,除A以外的其他因素的影响都被平均了,不受其他因素的影响(交互作用),就可以进行公平的比较

实现实验次数最小化的交互作用表

专题 2：
设计开发中的 MECE

MECE 是 "Mutually Exclusive and Collectively Exhaustive" 的缩写，是一种组织信息的概念，在日语中的意思是"无遗漏、不重复"。设计开发领域人员所熟悉的 QCD 概念，就是基于 MECE 的概念而来的。如果仔细观察公司的设计评审中要讨论的项目，可能会发现这些项目是根据 QCD 进行细分的。最近，逻辑思维开始流行，知道逻辑思维的人越来越多。把人分为男、女，或者把销售分为利润和成本，都是"无遗漏、不重复"的状态。在收集客户需求时，如果把客户定位为男性的学生、自由职业者、雇员等这样有遗漏有重复的区分方式，可能就无法获得商品开发所需的正确信息，最终开发出的产品会脱离实际。在分析缺陷时，如果只关注外部因素，可能会忽略掉内部因素。

MECE 的概念是在进行产品开发时需要时刻牢记的，本书介绍的很多方法是以它为基础的。另一方面，也有一些需要注意的地方。对于一个从未遇到过的未知问题或事项，要想界定其确切的状态，几乎是不可能的。世界每天都在进步，我们遇到的问题和难题也在飞速变化。而且，开发工作在很大程度上是创造性的，每天都要面对新的问题。

希望产品开发人员能以 MECE 的意识来处理日常工作，同时在现场思考并做出符合自己目标的最优决策。

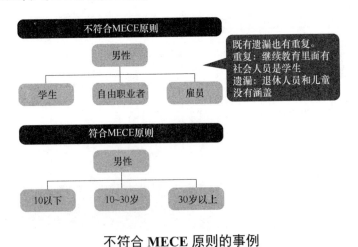

不符合 MECE 原则的事例

第 5 章

可视化你的过程管理

67 开发过程中状态的可视化——开发流程状态图

在改善业务时,必须正确理解每个业务流程的状态。采取措施的方式会根据状态而改变。例如,如果有按照 ISO 制定的业务规则,但在实际开发现场却没有遵循规则,那么规则就徒具形式。应该通过遵循规则或修改规则来改善业务。开发流程状态图是掌握业务流程状态的一种有效方法。

首先,在诊断开发业务时,通过执行度和定义度两个轴线来诊断开发的每个业务流程。执行度的程度是指企业能否取得良好的效果,而定义度的程度是指流程是否被定义为组织的规则。利用这两个坐标轴,将业务流程划分为如图所示的四个象限,并绘制出来,以了解每个业务流程的特点。通过这样的方式组织各种开发业务流程,可以把握公司的主体倾向,决定公司的主要方针是消除"形式化"还是消除"属人化"(对人的依赖)。此外,在企划业务和设计开发业务链中,留意各业务类别的发展趋势也是有效的,但是不能仅仅停留于此,有必要逐一讨论如何改善每个流程。例如,在改良和提高产品质量过程中,需要生产出一定质量的产品,同时有各种各样的人参与开发,所以应该以"系统化"的组织能力建设为目标,注重规则和业务流程的制定。另一方面,在创造从未出现过的新技术的情况下,可以采取在"以人为本"的同时,通过加强人力资源能力,来提高价值创造水平。所以,建议在了解公司发展趋势的基础上,从这些不同的角度出发，在制作开发流程状态图的同时，探讨并明确公司需要加强的地方。

> **要点：**
> - 通过两轴四象限可以诊断企业是偏向"属人化"还是"形式化"的方法。
> - 对于判断各业务类别的趋势，也是有效的。

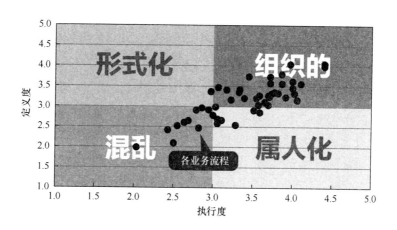

把握业务流程整体，分析强化要点

68 开发过程中返工的可视化——依赖结构矩阵 DSM

开发工作是假设和验证的重复。例如，研究单元级的功能分配，需要首先考虑各零部件的可制造性和其他因素，然后再在单元内验证整体可行性。但是，另一方面，有的时候，在接近批量生产的时候，由于构造研究的不严密，发现了缺陷，而返工重新开发，浪费巨大的时间和成本，还造成了机会损失，这是不应该发生的。这时，可以使用依赖结构矩阵（Dependency Structure Matrix，DSM）来控制这种不应该发生的返工。

应用 DSM 时，首先要确定组成一个业务流程的工作任务。接着，按实施顺序填入左边的竖栏。接下来，在水平方向上以相同的顺序输入相同的任务。用"×"标记表示在水平方向上哪项任务提供了执行左侧垂直栏中各项任务所需的信息。把同一任务交叉的对角线上的单元格涂掉。在图中所示的例子中描述的是，接收了产品规格信息（产品规格说明书），进行基础设计的关系。如果在已完成的表格右上角有一个"×"，说明信息已经从任务的后半部分返回到任务的前半部分。在评价中如果因为意外问题而发生返工，应采取努力提高分析技术等措施，防止返工。在计划性的系统协作任务中，常常采取利用例会等措施，促进信息协调，增强信息共享。通过这样的可视化梳理，将注意力放在信息的关系上，可以发现返工的可能性，并提早采取应对措施。

此外，当想表示信息之间的关系强度时，可以用数值来代替

"×"。如图所示,如果将信息分为三个等级(9:强、6:中、3:弱),则更容易做出是否需要采取措施的决策。请根据实际业务场景,有效应用本方法。

> **要点:**
> - 业务工作之间的依赖关系用矩阵来说明。
> - 发现需要返工的地方,对具体因素进行进一步分析。

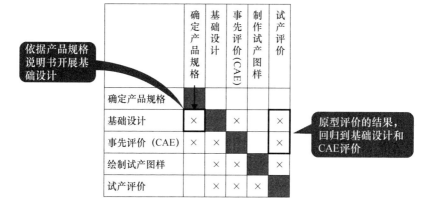

为了减少返工应用 DSM

69 减少返工的开发顺序的可视化——分区分析

在上一节中,介绍了分析返工可能性的可视化方法依赖结构矩阵。对于发现的返工现象,追究原因,考虑对策是很重要的,但要想大幅度提高开发效率,就必须优化基本流程本身。左上图是一个高风险的业务流程,因为它留下了从 J 任务到 B 任务返工的巨大可能性。因此,有必要进行分区分析(任务的重新排序)。分区分析的方针是:在保持 DSM 中明确的信息关系的同时,①减少对角线右上角的标记数量、②将计划中的重复合并成小区块(将标记移到靠近对角线的地方),见下页图。这将有助于消除大量的返工。虽然在现实中可能无法进行如此剧烈的重新排序,但它可以让我们尽可能地优化任务的执行顺序,也可以突出需要再讨论或再设计的任务,以提高效率,所以开发人员一定要尝试使用分区分析,这对提高工作效率和质量有巨大帮助。

要点:
- 可以重新编排作业顺序,防止损失较大的返工。
- 当想大幅度提高开发效率时,应该积极应用。

第 5 章 可视化你的过程管理

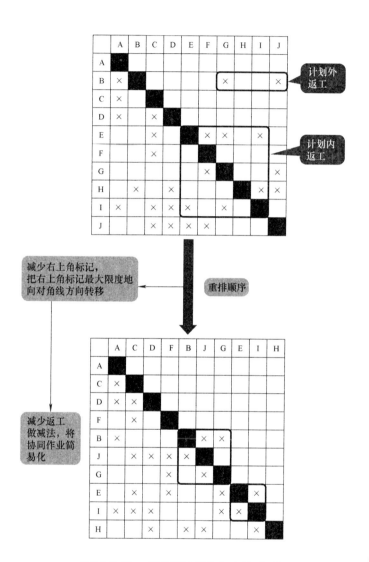

分区分析，探索返工最小化的步骤

70 开发周期预测的可视化——蒙特卡罗分析法

通过使用分区分析，可以建立一个理想的开发流程。有人可能会认为，"如果加入时间信息，就可以估算开发周期了"。然而，与生产过程中的生产周期时间不同，在不确定性较高的开发项目中，由于开发任务的反复性和所需时间的大幅度变化，现实情况并没有那么简单。蒙特卡罗分析就是一种预测开发周期的有效可视化方法。

在蒙特卡罗分析中，首先输入执行依赖结构矩阵 DSM 中定义的任务的时间分布。其次，考虑需要返工的情况，输入比完成第一次任务缩短的时间百分比。在矩阵中，还可输入发生返工的概率，用对角线右上角的标记表示。利用这些信息，通过蒙特卡罗分析近似地计算出开发周期的预测值分布。

在制定开发战略时，"项目有可能在 12～21 个月内完成"的项目预测开发周期和"项目在 18 个月内完成的可能性是××%"的项目预测完成概率，比"18 个月内完成项目"这样的结论更有价值。建议开发人员要多尝试使用蒙特卡罗分析来进行周期预测。

> **要点：**
> - 开发项目有很大的不确定性，准确预测开发周期较难。
> - 根据周期和风险来思考开发战略。

第5章 可视化你的过程管理

	周期（首次）			周期
	最短	标准	最差	再作业时
A	3	7	9	20%
B	5	7	10	30%
C	10	15	20	20%
D	6	9	12	50%
E	9	13	18	30%
F	13	19	22	20%
G	12	15	18	10%
H	4	6	8	30%
I	3	5	7	40%
J	8	10	12	30%

	A	B	C	D	E	F	G	H	I	J
A										
B	1.0							0.6		0.5
C	1.0									
D	1.0		1.0							
E		1.0	1.0					0.8	0.4	
F			1.0							
G										0.7
H		1.0		1.0					0.3	0.5
I	1.0		1.0	1.0		1.0				
J		1.0		1.0	1.0		1.0			

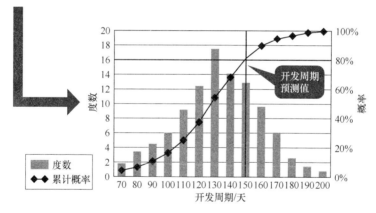

使用蒙特卡罗分析工具对开发周期进行模拟预测。这个示例表明，开发周期的波动范围为70至200天，在150天内完成的概率约为80%。

[**使用蒙特卡罗分析法预测开发周期示例**]

71 开发节点评审事项的可视化——关口管理

在产品开发中，为了保证设计质量，设置了一个个节点，设计必须经过批准才能进行下一步的工作，通常把节点称为关口（Gate），在关口评审中，通常采用设计评审会议（Design Review，DR）作为正式审核场合。在 DR 会议中，不仅是主要开发人员，而且各领域的专家也会对开发内容的有效性进行评估，发现问题。然而，在实际业务场景中，经常看到的是：由于时间短，会议流于形式，并且是多方参会的合意制情况下，很难界定责任所在，会议中决议的内容，结果是后续都没有很好地执行下去。所以，要利用好关口管理，激发出 DR 会议原本的重要意义，需要企业重新审视每一道关口管理的目的，明确决策标准、参与者、角色和权限等，没有这个做基础保证，关口管理很难达到最初的目的。

在关口管理中，定义了每个开发关口应该评审的内容，并根据每个开发关口的定位，设定了标准（达标基准）的高度。但是，根据所评审的产品和主题的重要性，关口管理考虑的项目内容和级别会有所不同。关键是要在这样的背景下来准确定义关口评审管理，而当开发环境发生变化时，要及时进行改进，抱着持续改善的态度，不断更新。

要点：
- 开发过程中的关口就像一道道门，进行设计评审就像通

第 5 章 可视化你的过程管理

关审批。
- 设计评审不仅仅要有仪式感，应仔细审查其内容。

成为关口的会议体系

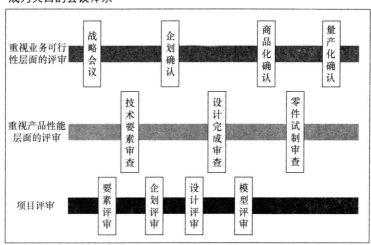

分析并区分各会议参加者审批者的不同，以及审议内容的差异化，最后形成阶梯化

关口定义书

关口	战略会议	技术要素审议
概要	决策包含产品系列在内的整体战略	评价技术要素的完成度，决策是否可以用于产品开发
目的	对应市场变化，为实现公司利益最大化而制定战略，并在关联部门内共享	平衡技术要素开发和产品开发的取舍关系，确保在合适的时间向合适的市场投放合适的产品
达标基准	制定的战略必须是结合了最新信息和未来动向，经过深思熟虑而成的	清晰整理了技术要素开发的完成度和主题，并能明确判断是否可以搭载在对象产品中
……	……	……

[关口管理明确了各会议上的评审决策内容]

72 开发节点具体绩效标准的可视化——技术达标基准

在确定是否进入 DR 的下一阶段时，有必要明确决策标准，以防止相关人员的疏忽。决策标准从商业可行性、成本、技术完成度、进度、资源、生产准备、知识产权、法律法规等多角度设定为关口成果标准，在成果标准中，如何正确地将技术完成度可视化，是评审功能有效发挥的关键点。因为如果根据每个评审人员的经验，按照判断标准进行评审，可能会把不重要的项目列为需要采取对策的项目，而忽略了项目特有的重要风险。

很多企业将技术完成程度用百分比来表示，但有必要明确这个百分比的定义，这就是技术达标基准。因为如果事先不明确地制定"如果实现了什么，才算完成"的标准，判断本身就会很模糊。建议大家在制定具体标准的时候，提前把产品的功能拆解展开。从技术达标基准规定的评审项目角度评审完成度时，就能通过功能拆解，测量功能的实现程度来衡量完成度。同时，也可以规定在哪些测试中通过了才算合格。例如，在某个标准模式测试里，如果是通过的，算成实现了 25%，那么要达到 75%，就需要在多个模式测试中都通过。

通过技术达标基准来定义技术完成度，更容易让相关人员理解并做出正确客观的判定。另外，它还有其他有价值的作用。如果把它与需求、功能有效地结合起来，可以使参与开发的人员，如设计人员、解析人员、评价人员，明确地围绕开发目的开展研发工作，从而使工作更高效。企业一定要积极推行技术达标基准，在研发队伍中系统性地实施这个方法，提高开发人员的工作质量。

> **要点：**
> - 为了使关口评审发挥作用，需要正确地检查技术完成程度。
> - 将产品按功能展开，定义每个功能的实现程度，就能做出更具体的判断。

品质特性/规格（目标值）	达标基准	完成度
冷却		
·能够满足各单元的温度标准	将CAE检证结果在试制设备上进行实机验证，确定对策	××%
	在实际设备上验证对策的效果，并将结果反馈给CAE	
	使用双面送纸功能进行温升测量	
	以Xcpm进行温升测量	
噪声		
·必须是×dB以下	噪声源已经确定，对策方向明确	××%
	确定噪声源并制定行动方向	
	在试制设备上完成实机测试	
送纸性能		
·满足各种纸张、不同规格的输送要求 ·满足生产性规格的要求	确定送纸性能	××%
	掌握每种纸张类型的进纸单量	
	双面控制规格的实际设备验证已经完成	
焊接		
·焊接中的刚度分析必须满足所需规格	刚性分析（扭转、变形等）满足要求的规格	××%
	与当前框架的对比和验证已经完成	

[展示设计评审中所要求的达标程度——打印机的设计评审]

73 标准开发流程的可视化——基本流程

为了提高开发效率和开拓国际市场，开发业务外包和向国际迁移的开发基地越来越多，成为国际产业分工的一种趋势。随着越来越多的多元化、多国籍化人才参与到开发中来，如今仅仅依靠在出口处设置设计评审等关口检查，来保证质量的难度越来越大。因此，确实有必要建立一个系统，让很多人能够通过可视化的工作流程和操作方法，来完成一定质量的要求，保证均质化的工作成果。换句话说，必须建立适合产品的基本流程（标准开发流程）。

当建立了一个基本流程时，就可以支持开发人员更好地向着"我们想要这样的开发"的组织性方向（开发的理想状态）前进。为了创建这个流程，要使用本章所述的各种过程分析方法并定义关口评审。通过这些可视化分析，可以直观地看到每个部门（机械、电子和软件）为了实现关口管理要求的目标，是如何组织开发工作的执行的。具体来说，应采用 IPO 的理念，朝着技术达标基准要求的方向组织运营。在建立基本流程的时候，绝不能仅仅描述当前的业务、重要的是一定要根据理想的开发状态来审视业务、改进业务，牵引业务向更加理想的状态发展，包括再次审议"这个开发任务是否真的有必要？或者这个开发任务是否应该在这个时间段内完成？"等。通过这种方式将基本流程可视化，当出现问题时，可以从业务流程方面出发，总结反思究竟哪里出了什么问题，快速改进业务。

第5章 可视化你的过程管理

毋庸置疑，向多元化、多国籍的人才队伍传达开发要点时，不但要传达技术内容，更要保证他们能从业务流程的角度理解规则和方法，这样整个开发团队才能在开发任务中保持步调一致，形成强大的组织聚合力，提高开发队伍的战斗力。

要点：
- 由于越来越多样化的人才参与到开发工作中，除了出口检查外，还必须进行过程检查。
- 因此，建议为每个产品创建适合的标准开发流程。

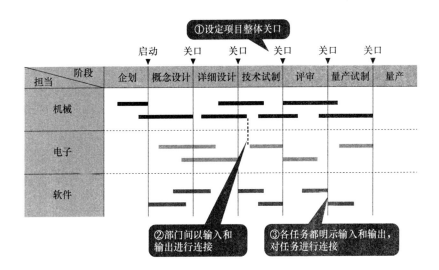

将开发团队的工作方向归纳为基本流程

74 角色的可视化——RACI 职责分配表

为了开发出更好的产品，必须要有能够集结各种专业人士的专业知识与智慧的会议，DR 会议就是典型的代表之一。然而，你是否有过这样的经历：以信息共享的名义开个会，结果不知不觉一天就结束了；或者以达成共识为名义开个会，结果会议后没有做出任何决定。

RACI 职责分配表是通过 R（责任人）、A（批准人）、C（执行人）、I（信息通知对象）符号来明确各项任务（包括会议）的职责和权限的可视化方法。当把当前的任务填入到可视化表格里并标识出这些符号后，你就可以看到 R 和 A 被分配给很多人，C 集中在一个人身上等情况。这一可视化工具的目的，就是要改善这种状态，把业务开展带到一个最佳状态。

为了使组织的作用不止步于大家的相互依赖，建议使用 RACI 职责分配表来推动建设一个每个人都能对自己的工作负责的组织，实现组织价值创造最大化。

> 要点：
> - 图示说明 R（责任人）、A（批准人）、C（执行人）、I（信息通知对象）这四个角色。
> - 可以分析出责任的分散性（R 太多）和工作量的不均衡性（C 太少）。

第 5 章　可视化你的过程管理

- R：Responsible（责任）
  做决策的人：实际责任人（各任务基本配备1人）
- A：Approval/Accountable（批准）
  做认可和审批的人：最终责任人（各任务基本配备1人）
- C：Contribute/Consulted（作业、贡献、协作）
  执行任务的人：（具体责任分工由责任人（R）来制定）
- I：Information（通知）
  共享决定事项内容和关联信息的人

以任务和人为坐标，制定RACI职责分配表

	部门						项目				
	事业部长	企划部长	设计部长	技术部长	品管部长	生产技术部长	…	PMO	PM	机械负责人	电子负责人	软件负责人	…
企划研讨阶段												
指派企划研讨小组	A	R	I						I	I	I	
计划/变更产品路径图	A	R	I	I					I	I		
决定/调整开发团队和组织	A	R	R	I					C	I		
确定/修改产品卖点	A	R	C	I					C	I		
确定/调整客户对象群	A	R	C	I					C	I		
……												

[**通过4分类，把握关系度 RACI 职责分配表**]

75 业务流程的可视化——流程图

我们经常听到这样的抱怨，现在的开发人员"只执行被安排的任务"。由于开发团队的所有任务很难明确分工，所以实际上需要每个成员不仅要忠实地完成自己的任务，而且要多考虑身边的人，关注上下游和协同部门，能够有预见性地行动起来，主动开展工作。要实现这样的目标，就必须让所有关联人员知道自己所涉及的开发工作的全貌，从而使开发者主动意识到自己的工作对周围人的影响。因此，需要将开发人员各自的工作与他人工作之间的关系进行可视化，而最好的方法之一就是画一个流程图。流程图是一种结构图，可以帮助开发人员理解与开发相关各方的角色和信息传递，同时组织开发人员的流程（工作）的前后关系。它通过关注信息的输入和输出，拉近了各工作过程之间的联系。此外，还可以通过明确后续工序接收工序信息时应达到的标准，来了解自己工序输出的质量。同时，通过明确自己过程的输入质量，可以将自己的要求传递给前端工作过程。这样，关注每一个工序的交接点环节，去理解业务整体，就能将自己不熟悉不明白的地方搞清楚。

特别是很多开发工作往往是在依赖人的基础上进行的，很多人在了解与相关方的联系时，是通过工作经验中慢慢学习得知的。在分工协作的当今社会，如果不有意提高对业务整体的可视化，加强组织智慧横向传播，就容易把自己局限在狭隘的经验中，无法适应创变时代的技术迭代。这样明确工作流程，是自己思考和行动的第一步，也有助于拓宽自己作为开发者的视野，这是事半功倍的开始。

> 要点：
> - 通过组织自己工作过程的前后关系，能够识别来自后端过程的请求和对前端过程的要求。
> - 这样可以训练自己成为一个能够考虑和预测整个团队需求的开发者。

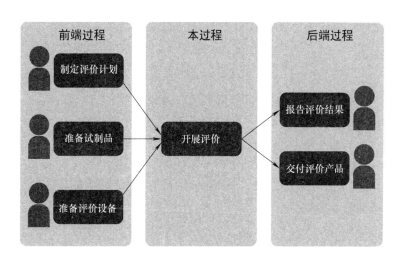

描绘业务过程前后端的流程图

76 业务目标完成情况的可视化——KGI /KPI

在努力改善企业内部的产品开发业务时，必须制定量化目标，以便使有关人员的目标和企业目的/目标相一致。通过设定具体的目标值，你会更容易思考自己的目标是什么，以及为了达到目标需要做什么。公司会有数值化目标，所以每个部门的目标都是在上级目标的基础上拆解出来的数值化目标。在这些为之努力的数值化目标中，所包含的重要项目称为关键目标指标（Key Goal Indicator，KGI）。

针对 KGI，衡量为完成目标而需要采取的行动是否被有效执行，通常使用中介指标关键绩效指标（Key Performance Indicator，KPI）来考核。KPI 包含本书之前阐释过的工具 57 FMEA 里面，所分析发现的重要主题，设计变更件数、开发工时等，诸如此类。有了这些指标来衡量业务流程中的过程质量，就更容易判断出现在采取的措施是否妥当合理。同时，通过 KPI 将可视化的要素分享给团队，也更容易让团队成员了解当前的情况，并推动持续改善。但是，必须警惕的误区是：不能简单地用同样的判断标准把所有的开发项目进行并列比较。例如，如果某个客户选择你的公司的原因是你能灵活应对规格变更，那么评价该客户的开发项目因为发生了很多规格变更而判定不好，这是很危险的。需要对导致发生变更的原因进行细分，并且详细确认分析里面的具体数值化指标。

重要的是一定要正确地把握开发工作的前提和背景，使用恰

第 5 章　可视化你的过程管理

当的 KPI 检查业务流程是否越来越好，以实现 KGI 为目标，持续推进精益改善。

> **要点：**
> - 在经营管理目标中，最重要的目标值称为 KGI。
> - KPI 是衡量实施情况是否与 KGI 相一致的指标。

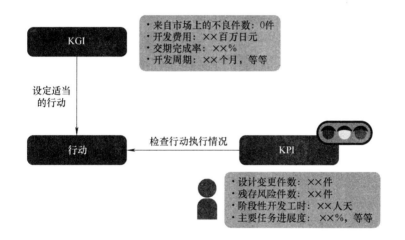

[　　　　　**对业务进行量化评价的指标：KGI 和 KPI**　　　　　]

77 开发项目工时分配的可视化——前置工作负荷率

即使是现在,在开发领域也会经常看到的是,由于在开发初期考虑不周,在开发后期出现了意想不到的问题,结果是投入大量的人力物力,造成了巨大的"看不见"的成本损失。为了防止这种情况的发生,有时会进行缺陷预防活动,以提前识别风险。在这种情况下,有必要检验预防活动是否真的有效,当使用工时来检验时,通常使用前置工作负荷率。

前置工作负荷率是计算每个阶段所花费的工时占开发总工时的比例的 KPI。例如,如果开发工作的总工时为 5000 小时,截止到构造设计 DR 审核为止的工时为 500 小时,则前置工作负荷率为 10%。如果将目标设定为前置负荷率为 25%,则需要将截止到构造设计 DR 审核为止的工时设定到 1000 小时,总工时减少到 4000 小时。

通过缩减项目的整体开发工时,同时努力调整前置工作负荷率,工程师能够把工时投入到更多的有创造性的工作中去,提高开发工作的核心价值。

要点:

- 前置工作负荷率的计算方法是包含概念性 DR 的工时数/开发的总工时数。
- 通过叠加使用其他方法,在初期阶段减少开发工作的总工时。

第 5 章 可视化你的过程管理

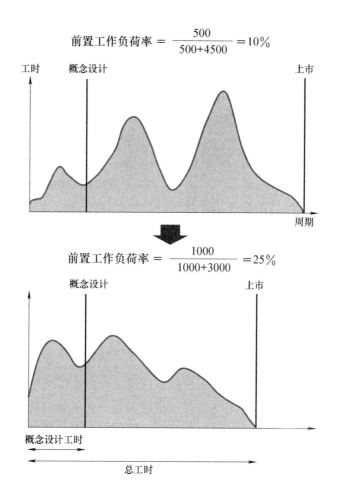

[前置工作负荷率，表示了涵盖概念设计所需的总人工时数]

78 复盘总结活动的可视化——KPT 复盘法

对开发项目进行复盘总结与反思是开发者和开发团队成长的有效途径。相信很多人都经历过同样的"带有期待和假设，在业务中实践，之后从行动经验中获得学习"的过程。然而，当你每天埋头忙于工作时，很难有时间去认真复盘总结，结果使你可能进入一个恶性循环，一直重复同样的错误。特别是在我们研究的商业案例中，经常会看到这样的情况：开发人员不复盘，或者仅在一个项目组内总结复盘，由于以企业为单位的复盘反思没有做好，结果导致一个人犯的错误，另一个执行类似工作的人或者团队还会继续重复地犯。

这里给大家介绍一个有效的工具，就是 KPT 复盘法。KPT 是 Keep、Problem、Try 三个英文单词首字母的缩写，用于复盘总结时确定改善活动。在一张大白纸或白板上画出如图所示的框架，依次检验 K（什么是好的，应该继续）、P（什么是问题，需要改进）、T（什么是需要新开始的）来确定行动。我们要强调的是，其实每个人都拥有改善的智慧种子，那么为了促进全体成员参与改善的意愿和行动，建议最好使用便签纸，让大家可以自由发表意见。和头脑风暴一样，先创造随意发表意见的氛围，把意见提取上来以后，再讨论应该采取什么样的行动或对策。此外，不要只把成果留在团队内部，充分利用技术分享会，在企业内部横向展开，使其成为组织智慧，沉淀为企业的经验，这样就可以把复盘的效果和价值提高很多倍，聚合成企业的财富。

第5章 可视化你的过程管理

切记，创变时代，有时"成功是失败之母"，一个优秀的持续成长的企业不会被过往成功经验所束缚，一定是因事因地制宜不断复盘总结而获取学习经验，以适应环境变化。不要被那些所谓的"我们没有时间"的说辞所迷惑，正所谓磨刀不负砍柴工，作为一个企业组织，有必要安排时间，将复盘的工作扎实有效开展好。

> **要点：**
> - K（Keep=过去好的事情，应该要继续下去），P（Problem=有问题的事情，需要改进），和 T（Try=想新开展的工作）。
> - 需要认真复盘并分享结果，以便不重复同样的错误。

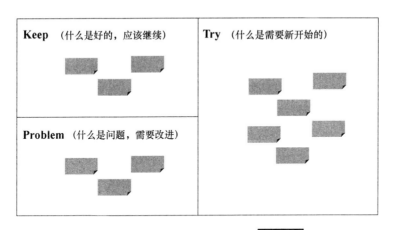

开展下一个新行动！

通过分区复盘开展总结活动的 KPT

79 问题案例的可视化——整改方案

在复盘总结的时候,重点要做的工作之一是分析导致开发项目出现缺陷或返工的原因,并采取有效措施防止再次发生。这种对过往发生的问题、问题发生的原因和有关防止问题再次发生的对策的书面总结,称为"整改方案"。

整改方案要发挥有效性,就需要让经历问题的开发人员本人负责编制总结,周边的人员给予支持跟进。在编制"整改方案"的过程中,可以让开发人员按照本书第 4 个可视化工具 ARS 的步骤进行操作,从而提高其解决问题的能力。另外,事先制定按照 ARS 步骤要求书写的报告模板,会让大家自然而然地带有 ARS 意识去解决问题。为了防止其他正在开发相似产品的团队里出现类似的问题,最好将完成的整改方案作为报告集收藏起来,同时与其他部门成员共享。对于生产过程中出现的问题,可以通过采取"防错防呆"等补救措施进行改进,防止再次发生,但在开发业务中很难采取这样的措施,所以一定要通过整改方案这种机制将个人经验或团队经验转化成企业智慧。具体来说,可以将发现的问题作为关注点反映在可视化工具 38 里面的功能分解图中,并将其做成数据库,以便在设计构思时注意到这些问题,或者将其作为警报反映在 CAD 等开发支持系统中。

常听到很多人说,他们不能犯错误(或者说不能让错误发生),因为开发效率和质量是首要任务,已经成为企业的命脉。在如此重要紧迫的论调要求下,产品开发的难度在不断提高,复杂度在持续增加，却遗憾地看到问题发生的数量并没有减少。一旦发生问题，要把它作为开发团队的一次宝贵学习机会，认真做好整改方案书面可视化。如此持续地下去，企业未来才会更加健康持续地发展。

> **要点：**
> - 用根据 ARS 步骤书写的格式，来积累故障案例。
> - 在系统中创建警报，采取具体的预防措施。

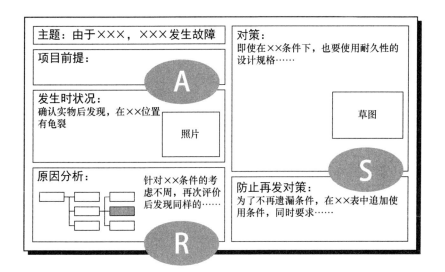

通过三个步骤快速整理过往故障的整改方案

80 问题整体结构的可视化——问题关联图

在分析问题原因时，经常会用到可视化工具 56 的 FTA 方法。在技术上复杂因素综合交织在一起的情况下，或者在对开发项目的复盘总结中，已经超出了项目所需的工时的情况下，分析问题原因时，使用结构图这种方法来了解问题发生的整个系统是有效的。这种把原因与结果错综复杂地交织在一起的问题，通过图表的方式加以阐明的方法称之为问题关联图。操作顺序是，首先描述要重点解决的问题，之后把造成问题的原因用箭头线连接起来。要注意图表里面处于终端的因素或进出线较多的因素，很可能是重要的原因，所以要格外关注这些因素，慎重考虑对策。

问题关联图处理的问题往往都很复杂，可能一开始就无法实现整齐划一的清晰分析。此外，当多人分析一个问题的因素时，有时会变成针对某个特定人的指责，导致大家讨论的前提本身变得不一致，使讨论分析脱轨。在这种情况下，为了激起参与开发过程的人员的积极性和激发大家发表建设性的意见，最好使用便签纸，以便于梳理信息，同时针对具体意见，以群策群议的方式进行讨论。

> **要点：**
> - 它是一种通过用箭头连接因果关系，来把握问题发生的整个系统的方法。
> - 活用本工具进行建设性讨论，避免陷入责备他人的"对人不对事"的误区。

第5章 可视化你的过程管理

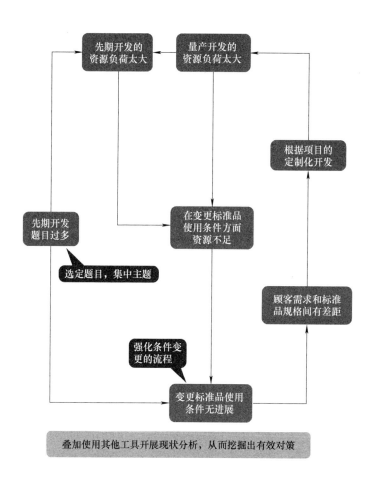

[通过箭头整理问题因果关系的问题关联图]

81 必要测试项目的可视化——测试项目检查表

大多数公司都有一套标准化的测试与评价项目。这样开发人员知道自己需要做什么,但对于"为什么决定使用那个评价项目""为什么要这样做""这样做就已经够了吗"等问题,很多人几乎总是不知所措,无法回答。从与众多产品开发者的交流访谈来看,实际情况是,他们只知道在开发产品之初,根据技术提供商提供的标准来设置测试和评价项目,然后随着不断处理问题,最后以累积的方式叠加成目前这种要求。在这种状态下,无论如何简化流程,标准化测试都会成为瓶颈,不能轻易减少评价项目,因为这些项目处于黑箱状态,如果减少这些项目,开发人员完全不知道会造成什么影响。

为了突破这种局面,有必要对各功能(性能、可靠性、耐久性等)进行适当的评价,使其可视化。具体来说,可用可视化工具 38 功能分解的方法对产品进行功能检查,并明确评价的内容。然后,对于每一个功能,都会验证通过了哪些测试才能确保质量。当以这种方式可视化时,可以发现很多功能只通过对最终产品的测试来保证品质的风险问题,或者也可能发现同一个功能在每个阶段都被测试的过度测试问题。在过度测试的情况下,可以通过确保只在一个环节进行测试,而在其他环节不需要进行测试来提高效率。此外,当设计发生变化时,有必要确认影响程度,必要时进行额外的测试,或考虑前置,提高前置工作负荷率,如增加新的分析，减少最终测试的评价项目。所以，有必要让开发人员停下脚步来，到了仔细研究一下本企业真正需要的"必要的测试"是什么的时候了。

> **要点：**
> - 要对那些不断增加的测试项目进行取舍。
> - 回归功能，找出真正需要的项目。

功能	评价项目	理论上	单品试验	Assy试验	最终试验
动力传递	能量交换	纸上推演	—	—	性能试验
……					
……				如果在性能试验中NG的情况较多，那么就要考虑提高Assy试验和解析精度	
……					
……					
……					
耐热性	入口温度×度	CAE	单体耐久试验	Assy耐久试验	耐久试验
……			提高解析精度，单品试验中没有NG现象，可以删除试验的可能性就高		
……					
……					
……					
……					

[**在更新测试项目方面非常便利的测试项目检查表**]

第 6 章

可视化你的项目管理

82 项目开发关联人员的可视化——利益相关者分析

利益相关者分析是将待开发产品的利益相关者（内部和外部各方）以树状的形式可视化的方法，包括他们的属性。它主要是由开发项目的领导者创建，用于研究如何进行开发（广义上的利益相关者包括客户，但在仅针对客户的分析时，建议使用第 2 章的战略方面和第 3 章的计划方面中介绍的针对客户的各种方法）。

"产品开发"的业务，始于人，终于人。在开发工作中，涉及很多部门，不同的价值观念，仅仅抱着正确的理论或理想的愿景，是不能确保成功的。成功的第一步是充分了解成员的特点以及他们与你的关系。将相关人员的职位以结构树的形式组织起来，作为层级结构的轴心，并将每个相关人员与自己的信任度和影响力列出来，然后在结构树的每个要素后附上评论。对于开发项目的主导者来说，越早明确人际关系图谱越好，可以让你有足够多的时间有针对性地构建早期对策。这个可视化图谱也可以用来考察开发部门的健康状况，随着人与人之间的深入交流，构建人际关系等措施的推行，图谱中的内容和信息也会不断更新，是开发项目领导者处理好"人"的问题的有效工具。

要点：
- 按照对你的信任度、影响力等，列出参与项目的人员一览表。
- 积极与参与项目的人接触，建立信任。

第6章 可视化你的项目管理

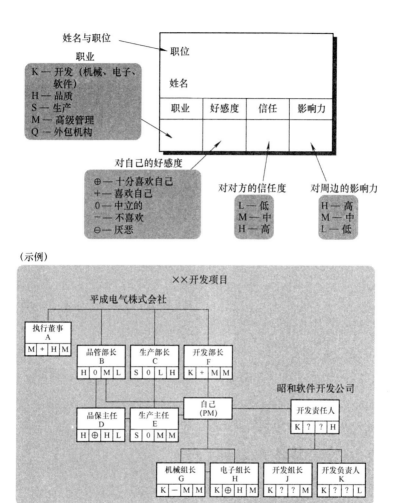

[通过描绘你与相关人员的信任度，可以整合更多人参与进来]

83 项目开发必要工作的可视化——工作分解结构 WBS

因为开发项目是一项具有很多不确定因素的业务,很多人可能会在没有制定合适计划的情况下就开始工作。由于一个项目涉及很多人共同参与、协调工作,所以需要将彼此的工作可视化,促进相互理解,这样才能使整个项目高效地推进起来。工作分解结构(Work Breakdown Structure,WBS)就是对项目的业务内容进行分解和分层,并将任务可视化的一种方法。一般来说,在制定项目计划时就会创建 WBS,并通过状态管理来控制进度。

此外,活用 WBS 方法时,和可视化工具 88 的风险管理表组合使用将更加有效。在风险管理表中,如果任务重要且影响较大,则将对策纳入 WBS,并对其进度进行管理。

需要注意的是,这并不代表把项目任务进行无节制的细分就是好事。一般来说,较近的任务的 WBS 应该有详细的任务,后期要做的任务可以粗略一些。关键是要根据开发的进展情况和需求来调整 WBS 的详细程度。

要点:

- 推进项目有效执行的过程管理,是对业务进行分解、结构化的一种方法。
- 不需要对所有任务都进行详细分解,根据实际需要,有针对性地进行细分、具体化。

第6章 可视化你的项目管理

WBS示例

任务
确定规格
构想设计图
确定外购件规格
评审系统规格
设计系统
系统设计
评审系统设计
设计零部件
设计零部件A
设计零部件B
评审零部件设计
试制零部件A
试制零部件B
评价零部件A
评价零部件B
评价系统
确定系统评价方法
评审系统评价方法
实施系统评价
系统评价结果反馈

[为了更好地理解和把握彼此的工作，做好过程管理，
对任务进行分解和结构化是一种有效方式]

84 开发计划的可视化——甘特图

甘特图是带有开始和结束日期的 WBS 日程计划表。创建 WBS 后，根据每项任务的输入和输出，将任务连接起来，并标记所需工时，创建甘特图。因此，通过甘特图可以判断项目是否可以按照预定交付日期完成。

近年来，随着开发效率的提高，各个团队并行合作完成任务的情况越来越多。通过使用甘特图，可以直观地看到各团队之间任务执行时间是否一致，这就起到了让他们自己制定并调节工作进度的效果。通过进一步分解任务，同时考虑进度的不一致，可以发现潜在的问题或模棱两可的地方。项目开发负责人不仅要用甘特图来进行进度管理，而且要结合业务上的独创性和风险的识别，努力把项目管理提高到一个新的水平。如果已经使用可视化工具 73 的基本流程创建了一个流程图，还可以据此不断修改它，并将其作为自己开发项目的甘特图，以防止遗漏，防患于未然。

要点：
- 当今商业环境，多个项目团队共同完成一个项目的情况越来越多。
- 通过使用甘特图，能够控制项目团队各阶段的时间节点和周期的不一致。

第6章 可视化你的项目管理

甘特图

任务	工时	1周	2周	3周	4周	5周	6周	7周
确定规格								
构想设计图	5	■						
确定外购件规格	2		■					
评审系统规格	2		■					
设计系统								
系统设计	3			■				
评审系统设计	2			■				
设计零部件								
设计零部件A	3				■			
设计零部件B	2				■			
评审零部件设计	2				■			
试制零部件A	4					■		
试制零部件B	3					■		
评价零部件A	2					■		
评价零部件B	1					■		
评价系统								
确定系统评价方法	3				■			
评审系统评价方法	2					■		
实施系统评价	5						■	
系统评价结果反馈	2							■

[任务日程表格化，可以提高团队间业务交接和协作的顺畅性]

85 开发过程瓶颈的可视化——关键路径

因为一个开发项目涉及很多任务,所以知道管理的重点在哪里很重要。关键路径是在一个特别复杂的项目中找到关键管理点的一种方法。

上一节介绍的甘特图中包含了相互依赖的任务,比如一项任务在上一流程完成之前,不能进入下一流程。其中存在着一系列的工作路径(paths),这些路径决定了项目的结束日期,所以这条路径就成为关键路径。不在关键路径上的任务,即使延误了,也不会影响整个项目的最终交付日期,但如果关键路径上的任务延误了,就会延误整个项目的交付日期,所以必须重点管理。

另一方面,通过缩短这个路径上的任务时间,可以缩短整个项目的开发周期。例如,当项目不得不提前完工或有可能因重大返工而导致开发延迟时,可以将调整的重点放在关键路径的任务上,并思考如何缩短计划,从而有效地应对。

> 要点:
> - 表示具有依赖性的任务,例如,前一过程没有完成,下一过程无法开始。
> - 在众多任务中,哪项任务应该重点管理,一目了然。

第6章 可视化你的项目管理

任务	工时	1周	2周	3周	4周	5周	6周	7周
确定规格								
构想设计图	5							
确定外购件规格	2							
评审系统规格	2							
设计系统								
系统设计	3							
评审系统设计	2							
设计零部件								
设计零部件A	3							
设计零部件B	2							
评审零部件设计	2							
试制零部件A	4							
试制零部件B	3							
评价零部件A	2							
评价零部件B	1							
评价系统								
确定系统评价方法	3							
评审系统评价方法	2							
实施系统评价	5							
系统评价结果反馈	2							

连线部分是关键路径。如果零部件A设计工作能够更有效率,便可缩短周期

[　　　　　明示不能延期的任务过程　　　　　]

86 最短开发周期的可视化——PERT 图

项目评估与评审技术（Program Evaluation and Review Technique，PERT）是一种控制不确定性较高的大型项目工期的技术。特别是对于那些难以准确预估、规模大并且复杂度高的开发项目，尤其适合使用 PERT 图。

PERT 图对完成一个项目所必需的任务设定保守的、标准的和乐观的估计值，利用多元回归分析计算出时间段，然后根据计算结果计算出最早的开始日期和最晚的完成日期，以此来把握是否能够按期完成。为了表达 PERT 这个概念，采用了一种箭头图类型的表示方法，通常称之为 PERT 图。通过在 PERT 图中加入关键路径，就可以把握项目工期，确定优先管理点。

就项目计划和实绩管理而言，有固定期限的甘特图更为有效。建议读者根据产品、技术和开发项目的特点，采用相应的技术工具进行项目管理。

> 要点：
> - 根据预估期限考虑交付日期。
> - 同时使用关键路径进行重点过程优先级管理。

第6章 可视化你的项目管理

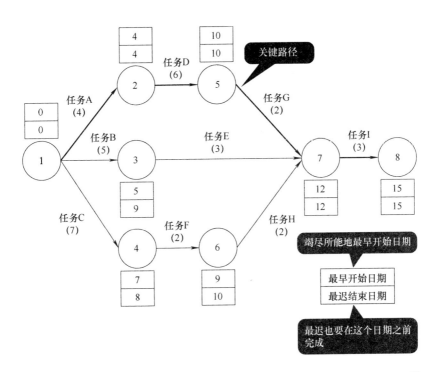

[了解大型、复杂项目的全貌]

87　设计变更对业务影响的可视化——技术/任务 DMM

在汽车等历史相对较长的产品中，有很多在基础产品上不断改良改进的做法，近年来，为了满足世界各地客户的需求，也加大了开发改进的力度。在这样的开发项目中，需要在短时间内高效地开发产品，因此开发出了关注变更点或变化点的方法，如可视化工具 59 所述的 DRBFM，而在进度日程管理中体现这种思维方式的工具方法就是技术/任务 DMM。它是一张可视化的表格，直观地显示了每个任务中假设或确定的需求、功能和设计元素之间的关系。通过创建技术/任务 DMM，可以了解当需求、功能或设计元素发生变化时，对开发任务的影响范围。换句话说，可以准确识别由于变化而必须要确认的工作任务。

具体来说，在创建可视化工具 83 的 WBS 后，如图所示，将可视化工具 37 所述的 DMM 中已经明确过的需求、功能、设计要素与任务之间的关系联系起来。需求和功能主要是与确定规范的任务或进行评价的任务相关联。除了规范和评价，设计要素还与要设计的任务相关联。这样一来，从技术的角度进行检查，就可以发现任务的遗漏。在制定任务进度表时，如果所要完成的任务与技术之间的关系在一定程度上是明确的，比如量产开发中的评价工作和开发结束后的调整工作，它就是一个非常有效的工具。

在复杂产品的开发中，如何制定出高效的开发计划，不留任何瑕疵，已经成为高级技术开发工匠的一门艺术。要想把这种工匠精神具象化，并传承给年轻的、国际的开发团队，就必须在这一招上下功夫。

> **要点：**
> - 在改进改款开发中，可以有效制定工作时间表。
> - 通过关注变化，识别需要对应的关键任务。

	需求/功能						设计要素							
	性能1	性能2	性能3	……	信赖性1	信赖性2	……	零部件1	零部件2	零部件3	零部件4	……	控制1	控制2	控制3
任务1					×			×							
任务2									×						
任务3										×					
任务4											×				
任务5	×				×			×		×			×		
任务6		×								×	×		×		
任务7			×							×				×	
任务8						×		×	×	×	×		×		×
……															

（如果零部件3有改进变更，那么任务3、6、7、8需要进行改进的概率就很高。是否需要改进要认真探讨，根据需要对应处理）

[开发过程中处理改进问题，明示对应要点]

88 项目风险的可视化——风险管理表

在开发项目的过程中，要把已经发生的问题或课题以问题管理表的形式直观地表现出来，并加以解决直至消除。当然，稳定地根本性地解决已经发生的问题很重要，但也要在问题发生前能够主动地预测风险可能性，感知问题的预发状态，也就是风险预警，才能保证开发项目的正常运行。风险管理表是一种解决类似问题的有效工具，可以将风险可视化，防止风险爆发成问题，或者是在演变成为问题时能够采取有效对策。具体来说，是对开发人员缜密筛选出的风险进行发生概率、发生可能性阶段和影响程度的排序，并根据这些排序计算出风险等级，对风险等级高的问题及早采取措施。

在风险管理表中，不仅详述了技术风险，还记录了开发项目运行中的各种风险。为了及早预知风险，需要经验和想象力。经历过后才会预测，即考虑"过去曾经发生过的问题，这次是否可能还会再次发生"。要认识到这一点，必须要有良好的经验和推测演绎能力。但是，个人的经验也是有局限性的，所以通过使工作可视化的机制，同时邀请有识之士参与来取长补短。此外，对于刚开始接触的开发项目来说，通过需求评审和功能评审了解产品的起源，可以轻松识别功能故障发生的风险。

从表面上看，风险管理需要比过去做更多的工作（如风险识别、预防计划、预防措施的实施），但适当的风险管理可以防止将来发生问题，从而缩短开发周期和减少工时。在发展速度和降低成本的强烈要求下，风险管理是必不可少的。

> 要点：
> - 风险管理表是对一个风险的发生概率、可能性阶段和影响进行评估排序。
> - 在风险矩阵分析中，"发生的可能性阶段"与"发现难度"同义（可视化工具60）。

设备名称	×××	初次制定日期	
		最终更新日期	

序号	任务内容	发生概率	发生可能阶段	影响度	风险度	预防对策	负责人	预防对策期限
1	XXX有可能实现不了	1：10%以下	2：构想设计	5：重大	10			
2	YYY可能迟延	2：10%~50%	4：试制	3：中程度	24			
3	ZZZ可能变更	3：50%以上	3：详细设计	1：微小	9			
4								
5								
6								
7								
8								
9								
10								

风险度 = 发生概率 × 发生可能阶段 × 影响度

[应该控制哪些风险，通过概率和影响来分析判断]

89 开发主题难易度的可视化——开发等级管理

开发项目的难易度差别很大。在需要利用有限资源进行产品开发的情况下，很难采用同样的方式管理所有项目。鉴于此，必须根据开发项目的等级，进行适当有效的管理。

这就是开发等级管理的作用。从字面上就可以理解，这是一种从多角度对开发项目本身进行评价和排序的方法。目的是根据排序确定并实施管理办法，提高开发效率。如果等级高，项目管理就会比较严格，如果等级低，项目管理就会注重最低必要要点。

具体来说，可以调整设计评审的次数和时间，以及评审中需要讨论的内容的严密程度，以确保质量、成本、交期（QCD），减少项目开发人员和管理层的资源浪费。由于等级排序的角度因行业和产品的特点不同而有所差异，所以最好是以基本指标作为参考，与相关人员一起制定能够正确评价开发项目的指标。

> **要点：**
> - 开发等级管理是一种对开发项目的难易度进行排序以提高效率的方法。
> - 对高难度的项目严格管理，对低难度的项目筛选重点进行管理。

第6章　可视化你的项目管理

开发等级指标

评价指标	等级定义		评价结果
成本目标指标	S	比之前降低XX%	A
	A	比之前降低YY%	
	B	保持不变或略有增加	
技术创新性	S	采用新产品	S
	A	改良既有产品	
	B	沿用既有产品	
生产创新性	S	启用新工厂新产线生产	S
	A	增强现有产线生产	
	B	现有产线生产	
客户开拓性	S	开发新客户	S
	A	既有客户（从重点客户中选定）	
	B	现存客户	
目标交付期	S	比原有标准缩短XX%	B
	A	比原有标准缩短YY%	
	B	现有标准或更长	

结合本企业产品特性，设定指标

与关系人达成共识的标准作为指标最好

综合排名　S

适用于开发项目等级管理的方法

项目管理（设计评审案例）

	DR	DR	DR	DR	DR
S	○	○	○	○	○
A	△	○	○	○	○
B	—	△	△	○	○

○：常规实施
—：无实施必要
△：降低评审要求

详细变更评审项目内容

[事先制定评价项目的标准]

90 需求规格最终确定程度的可视化——规格确定时间表

经常会听到一些零部件厂商的抱怨，他们为客户决定最终规格的时间被推迟而烦恼，这样一来，剩余的开发时间就减少了，以至于没有充裕的时间保证开发质量，进而导致后续出现问题或争议。毋庸置疑，保证质量的开发一定是需要必要的时间的，所以这种担心也就不难理解。但是，另一方面，也要注意到有一些公司根本就无法给出明确的回答——究竟在什么时间点需要确定哪些具体规格。在激烈的全球竞争中，各家公司都在努力研发创新的同时，也在积极寻找尽可能提高性能的可能性，现实中有时整车厂很难向零部件厂商提出明确清晰的规格书（不能否认，有时确实存在仅仅因为客户考虑不周而迟迟拿不出规格说明书的情况）。在这种情况下，介绍一个叫规格确定时间表的工具，作为零部件厂商可以着手的一个方向。

规格确定时间表是零部件制造商为客户制作的表格，以直观地显示客户提出的每个规格的具体交付日期。通过这种可视化的方式，客户可以明确了解到，如果规格不及早确定，哪些地方可能要大规模返工，或者哪些地方对于今后的影响较小。当然，这需要客观合理的理由，所以必须明确每个规格与企业产品技术（功能、要素等）之间的关系。然后，将它们作为里程碑反映在可视化工具 73 的基本流程中，厂商将能够向客户明示，规格确定延迟所造成的影响。

第6章 可视化你的项目管理

　　这种方法对本企业和客户都很有效，可以确保开发过程的顺利进行。而要做到这一点，零部件制造商必须对自己的技术和客户的技术之间的关系有很好的理解。使用这样的可视化工具也有助于与客户建立健康牢固的信任关系，所以要积极推行本方法在企业实践中的应用。

> **要点：**
> - 在激烈的竞争中，客户很容易拖延最终规格的提出日期。
> - 零部件制造商应在控制技术的基础上，将每个规格的交付日期可视化，并与客户共享开发的进度。

客户规格	里程碑					
	启动策划 ×月×日	提案 ×月×日	启动开发 ×月×日	设计草图 ×月×日	执行开发 ×月×日	… ×月×日
A	○					
B		○				
C		○				
D			○			
E				○		
F				○		
…						

标记最终确定日期。对于为什么必须这个截止日期的技术论据，使用功能分解进行说明

[规格参数最终确定日期，事先与供应商和客户达成共识]

91 问题发生和解决状态的可视化——问题发现曲线

在开发项目的过程中,常常通过问题发现曲线来了解项目整体是否走向问题收敛方向。在软件开发中,这也被称为 BUG 曲线(缺陷收敛曲线)。

如图所示,曲线中纵轴为累计问题数,横轴为时间。在项目开发初期,会出现各种问题,曲线上升,但在接近开发后半期时,伴随着问题的逐步减少,曲线开始逐渐趋于水平。如果你可以画出一条水平线,并且趋势是稳定的,那么只要集中精力解决残存问题就可以保证品质。但如果不能画出一条水平线,那说明需要集中精力把问题和风险提取出来,或者需要考虑变更设计方案。

另外,在考虑产品开发工作的改革方向时,这个工具也是有用的。绘制过去项目的问题发现曲线和问题解决曲线,研究为了实现目标开发周期,应该怎么做。如果问题发现曲线的上升速度较慢,曲线偏缓,就需要用可视化工具 88 的风险管理表加以有针对性地管控。另外,如果两条曲线之间的时间差较大,需要用第 4 章"可视化你的设计"中介绍的诸多可视化方法,有效缩短解决问题的时间周期。

要点:
- 能够辨明项目整体的问题是否趋向于解决(收敛)的方向发展。
- 剩余问题如果趋向于解决方向,曲线会接近水平。

第6章 可视化你的项目管理

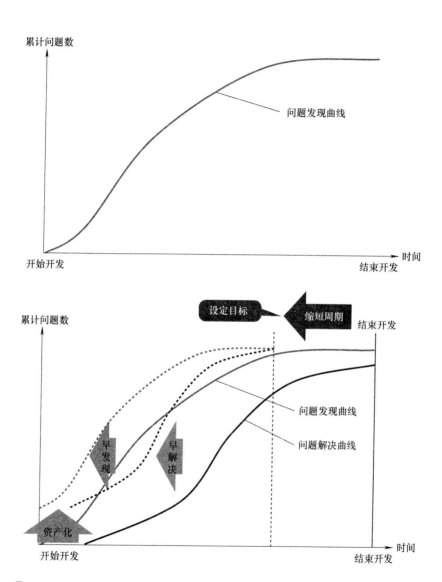

实现早发现早解决，在短期内曲线会趋于水平

92 业务优先顺序的可视化——艾森豪威尔矩阵

开发工作者的任务范围很广。例如，对于 WBS 中列出的实机评价任务，其中详细地包括了设备的预订、评价项目的确定、评价负责人的联系沟通、评价后报告的编写等。由于一个开发负责人同时参与多个项目的情况很多，因此，开发负责人有必要对自己的工作进行优先排序和管理。在这里介绍一下艾森豪威尔矩阵，它对这样的任务管理很有用。

艾森豪威尔矩阵根据重要度和紧迫度两个轴线对任务进行分类，并建议从事最重要的任务。这里特别强调一点，就是要尽力地减少紧急任务，将时间分配到重要但不紧急的任务上。随着公司的发展和规模的持续扩大，以信息共享为名，但目的与角色作用不明确的会议和任务会越来越多。此外，还有一些真正应该交给下属处理的技术问题，却因为自己有能力完成（或有兴趣）而接手，使自己的工作量从未减少。结果是本来应该自己花时间去跟进或管理的任务，最终由于时间的问题而被迫推迟，严重的可能会蔓延成重大问题，这种情况在企业内部实际上经常发生。如此这般持续下去，会导致"着眼于未来的风险管理、业务改革和思考未来技术发展问题"等重要工作难以真正开展，最终结果是企业应对市场行情而疲于奔波的重要且紧迫的任务丝毫没有减少。

需要不断地思考每项任务的目的，判断这项任务是否真的有必要，是否真的是现在要做的正确事情。确保将时间用在关键任务上，正确有效地履行职责，并着眼于未来的工作。特别是作为

第6章 可视化你的项目管理

管理者，如果不能管理好自己的工作优先度，合理分配时间，就会给团队和开发人员带来麻烦，所以请大家一定要注意管理岗位人员对于该工具的使用。

> **要点：**
> - 确定优先顺序和管理任务的可视化方法。
> - 减少紧急任务并聚焦于重要但不紧急任务。

重要度/ 紧急度	紧急	不紧急
重要	【重要且紧急】 ・对召回和客户缺陷的响应 ・对即将截止交付日期的RFQ答复 ・解决在FMEA中确定跟进的技术课题 ・图样终审	【重要不紧急】 ・建立良好的公司内外部人际关系 ・洞察未来的业务改革 ・参加学术会议或研究未来技术趋势 ・培育下属 ・风险管理
不重要	【不重要但紧急】 ・目的和角色不明确的会议 ・目的不明确的紧急报告 ・可由下级应对的技术问题处理 ・应对突然的来访者	【不重要不紧急】 ・上报暂未使用的知识管理报告 ・与公司业务明显不相关的技术调查 ・无关紧要的被委托工作 ・不必要的长时间的休息 ・其他无意义的活动

[聚焦于重要但不紧急的任务]

93 供应商能力的可视化——供应商评价表

最近这些年经常可以从很多企业听到这样的故事，由于国际新兴厂商的成本竞争力和开发速度不断提升，促使一部分企业降低自制零件的比例，提高国际供应商的零件比例。但是，现实情况却常常是本来基于低成本原因，企业采用了国际供应商，但由于零部件的质量不如国内生产的零部件或国内关联公司的零部件，不得不增加质量缺陷对策的投资，从而造成损失的情况似乎越来越多。为了解决这类问题，必须正确评价供应商的能力，对其进行管理（筛选和培训）。

这时，供应商评价表就派上用场了。这是一种基于企业经营管理框架，从多角度评价供应商能力的方法。通过无遗漏地检查评价清单上的所有项目，可以在筛选供应商时对其进行考核决策并评估采用后的风险。需要注意的是，评价表不是万能的，确认产品质量的最好方法当然莫过于现地现物实地检查。因此，可以结合现场评估和实际产品确认，灵活使用本工具，以促进供应商管理能力的提升。

要点：
- 需要通过选用多样化的供应商来提高全球竞争力。
- 正确评估供应商的能力以及遵循现地现物原则实际考察。

评价表示例

评价项目		评价结果
基础信息	成立日期	
	工厂员工人数	
	全职员工（区分制造、品管和其他）	
	外协企业数量	
	零部件外协企业使用率	
	其他	
经营状态	销售额（去年全年销售总额）	
	销售利润率（去年全年）	
	经营方针（品质改善方面的方针管理）	
过往实绩	有量产交付实绩的产品	
	交付周期	
	交付数量	
质量	有无质量管理体系	
	是否有ISO认证	
	从各种审计角度的评价	
成本	市场售价的妥当性	
	降低成本的改善活动	
	降低成本的实绩	
交期	交期管理状况	
	交付天数和物流方式	
	是否可以应对特殊交付日期	
生产能力	生产场所	
	最大生产能力（单月最大生产接受能力）	
	标准生产能力（单月平均生产接受能力）	
	单日稼动时间	
	单月稼动天数	
	员工稳定性（%）	
技术水平	专利申请件数	
	应对定制化需求的能力	
其他	从设计阶段开始的品质改善、合理化建议的活动情况	
	对零部件依赖度（针对特定供应商的采购额/总采购金额）	
	设备更新程度	

参考评价结果，结合本企业产品需求，更换供应商

[衡量业务水平，选择并培育供应商]

第7章

可视化你的组织和人才

94 让沟通"看得见"，促进相互理解——CCP 沟通法

随着开发工作分工的不断细化，开发人员与他人的交流和团队合作已经成为不可避免的事实，除了与"物"的交流，与人的交流正变得越来越重要。在本节中，介绍将 CCP 作为一个沟通框架，正确地将必要的信息传递给参与开发的团队，让开发队伍能顺畅协调，共同前进。

CCP 是 Context、Contents、Process 的缩写，Context 指的是背景、语境、字里行间的语义、场合，具体来说，包含你对完成目标所持有的信息，对方的立场、思维方式和价值观等内容。Contents 指的是对方说过的话或是你想表达的内容。Process 指的是步骤、方法和安排，这些步骤、方法和安排决定了在开发过程中与相关人员进行顺畅沟通的最有效方式。

无论你多么清楚自己想表达什么，如果你不理解或者无视对方的情况就单方面地表达，那么你想传达的内容一定无法最有效地传递给对方。另外，如果你仅从表面来理解对方的话，可能也无法把握对方的真实意图，甚至可能会误判对方。要想在开发的过程中不出现偏差，就要根据对方的情况和自己与周围人的关系，思考该表达什么，用什么顺序表达，这样的沟通方式才更容易达成目标。

很多人都不善于站在对方的角度思考问题，为了能够很好地理解对方，建议积极使用可视化工具 22 的"视角、视野、视

点",通过转换视角,切换视野和视点,你能更加准确地把握对方的真实想法。另外,为了共享 Contents,本书中所介绍的各种可视化工具都有很大帮助。让开发人员一起活用 CCP 沟通框架,让沟通"看得见",训练自己成为一名能与相关人员有效沟通,高质量执行团队协作的高阶开发者。

> **要点:**
> - 三个首字母就能熟记的沟通方法。
> - 通过 C(背景)C(内容)P(步骤)框架进行思考,以确定问题和改善沟通。

Context 背景,语境,字里行间的语义,场合
・针对目标,自己持有的信息
・理解对方的立场、思考方式、价值观

Contents 内容
・理解对方的主张
・确定自己传达的必要内容

Process 步骤,方法,安排
为了共同推进而确定高效的沟通方式

[促进有效沟通,聚焦三大要领,有的放矢]

95 会议场景的可视化——会议作战方案

为了与各方面人员有效开展合作，利用会议场景，开展讨论，促进意见统一是一种高效的方式。另一方面，低效、不必要的会议也是现实存在的。在这里，介绍一种为推进会议本身的有效进行，设计一个吸引人的故事的方法，称为会议作战方案。

无论是设计评审会还是信息共享会，都要在会议中设定目的和成果。然而，有的时候，你会发现有些会议经常是在目标和产出都不明确的情况下就开始了，结果浪费了与会者的时间。为了避免浪费时间，有必要确定会议的主持人，并制定会议产出的方案。在规划方案时，必须想象出会议将是什么样的对话，什么样的氛围，并思考该如何应对。例如，"可能会出现哪些负面意见，将如何应对？"或"当有几种可能的解决方案时，将如何缩小选择范围？"如果你能周全地考虑这些事情，你就可以安心地去开会了。另外，在制定方案的过程中，可以明确哪些事项需要与会者提前准备，这样可以减少与会者因为手头没有足够的资料，而不得不把讨论事项留置会后继续探讨的情况。

要点：
- 现实情况是，存在低效和不必要的会议，如存在"带回去讨论"的情况。
- 为促进会议有结果和结论，提前制定推进会议的作战方案有很多好处。

第 7 章 可视化你的组织和人才

制定应对方案

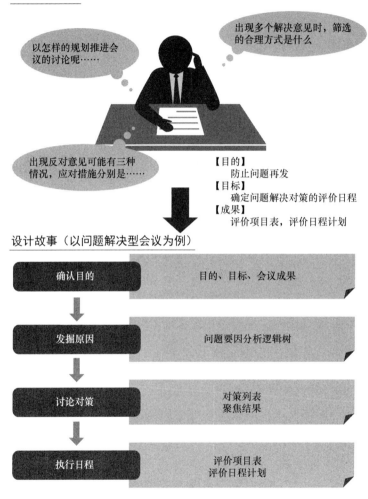

消除会议时间浪费的作战方案

96 会议场景的可视化——优化会议进程

如前所述，充分的准备会增加会议按照事先设想的节奏进行的概率。然而，会议也会有不按计划进行的时候。在这种情况下，不能因为会议没有按照设想的计划进行而浪费宝贵的时间，所以需要在会议期间及时调整方向。下面这个方法就是能够应用的工具之一。

改变会议的进程，就是在判断会议没有按计划进行时，与参会者就接下来的事情达成一致意见，进行调整说明。例如，如图所示假设召开一次会议，解决一个问题。在前期的会议准备过程中，假设按照以下顺序进行：确认目标→发现原因→策划方案→制定实施计划。会议中进展顺利，在确定解决方案并考虑下一步行动时，假设发现在考虑解决方案时忘记了成本要素。此时，需要决定是在考虑成本的情况下重新分析方案，还是考虑剩余时间，先讨论其他既定议题，将方案推迟到下一次会议再进行探讨。在这种时候，如果能把整体的场景，包括下一轮会议的场景具象化，就能把当前的情况可视化，与相关人员达成一致，并确定一个方针，进行路线修正。特别是笔者在辅导企业高管做好会议主持的时候，经常会看到这样的情况：他们心中有各种故事情节，但因为没有分享出去，与他人达成一致意见，结果遇见问题时只有自己烦恼，不能很好修正会议进程。遇见这种情况，关键是要把现在的事情，接下来和以后的整体场景，以及当前的进程可视化，与参会者共同决定在这之后的时间里该怎么做。如果不这样做，最后可能会陷进会议继续但内容偏离起初方向的境地，使会议内容空洞化，最终会议结束时间到了，而该做的事却没有完成。将会议场景情况可视化，并达成一致，是优化会议进程的关键。

> **要点：**
> - 重要的是对整个会议进程有一个具象化印象，以防会议没有按照预期进行。
> - 通过与参会者达成一致意见并确定优化方针，来更新会议进程。

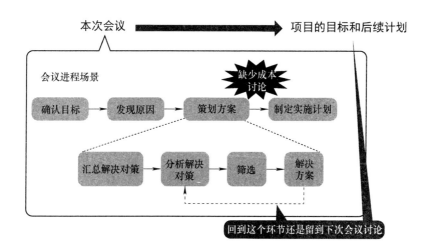

[现地现物可视化，与参会者共同明确行动计划]

97 项目衍生知识的可视化——技术分享会议

在很多公司，多个开发项目同时进行。开发人员一旦参与到一个开发项目中，心思就会被这个项目所占据，会不自觉地只接收与这个项目有关的信息。另外，虽然他们对同一个项目的成员比较熟悉，但往往与项目外的人交流较少。当然，只要是项目制的情况下，这种情况是不可能完全避免的。但需要注意的是，在这背后其实隐藏着巨大知识浪费和经验浪费，比如"开发相同或相似项目的其他团队所发生的问题没有及时共享，导致同样的问题在其他项目组重复发生"，或者"其他项目组创新了新技术新方法，但由于没有及时共享，其他团队还继续使用旧版本的技术或方法进行研发"。这浪费了公司大量的时间和成本，有时甚至会产生巨大的机会损失，很不利于公司高质量发展。技术分享会议就是为了遏制这一问题而有组织地开展的一项工作。

技术分享会议是分享各个项目团队的重点事例、未来技术研发的趋势、针对问题采取的对策或解决问题的经验等各种内容，促进内部知识传播的一种会议形式。有的公司召开的是部门内部会议，有的公司召开的是公司之间或行业之间的会议，还有的公司举办展示会。技术分享会不仅对听者有利，对传播者发言者也有好处。例如，如果分享会是面向很多企业举行的，那么主讲人和技术本身都会受到关注，主讲人和技术的认知度或认可度都会得到提高，技术被更多人所采用的机会大大提高。如果你是一个年轻的开发者，在内部分享活动中做演讲，会让你有机会反思自己的工作,并得到听众们的现场反馈。知识以现场的形式进行分享,有助于促进传播,只靠书面文字是无法把开发团队的智慧、所思所感淋漓尽致地呈现出来的。现场分享还可以通过问答互动加深理解,促进认知。在有形知识可视化的基础上,也要营造能够传达隐性知识的条件,是开发项目需要做到的。

要点:
- 部门间共享看不见摸不到的技术的有效场合。
- 部门共享会、业界共享会、展示会等,有多种形式和规模。

[通过共享开发结果和过程,加深彼此理解]

98 开发者技能的可视化——技能图谱

时常会听人说,要培养既有广阔视野又有专业特长的人才。但在实际工作中,开发人员常常会为了推进所负责的项目,在直属领导的安排下,埋头于当下项目中。长此以往,其结果是只培养了那些仅开发过某个组件或只做过某项工作的开发人员,随着年龄的增长,他们挑战自我、培养广泛技能的机会也越来越少。为了防止这种情况的发生,整个组织需要可视化技能人才的成长路径,希望培养什么样的人才,需要掌握哪些知识和技能。技能图谱就是为企业实现这一目标而开发的一个可视化工具。

技能图谱是描述各层级开发人员所需技能及其水平的路径图。纵轴表示的是所需技能项目,使用可视化工具 15 的技术路线图能够确定必要的技能。如果企业战略发生变化,比如从外包开发转向提案制开发,对开发者的行为能力要求也会发生变化,所以也有必要在技能图谱里更新明确技能要求和水平。这样提前梳理明确好技能要求后,还可以按行为特性、设计方法、技术知识来分开管理。提升行为特性技能是开发人员可以用来实现成果物的技能,设计方法技能是指绘图或分析的技能。通过对各层级所需技能要求的具体水平进行文字化描述,评价考核开发人员,可以详实掌握每个开发人员所具备的技能水平。需要特别注意的是,如果评价考核工作不充分,做得不扎实,最终会使技能图谱失去本来的价值。因此,为了防止评价差异和不合理等问题,建议在使用技能图谱时,要并行培养好对他人进行评价考核人员的技能，积极利用外部机构支持，持续开展员工培训，设定考试制度等。

> 要点：
> - 图谱各级别开发人员的必要技能和标准。
> - 兼顾评价者培训、利用外部机构、叠加考试认证制度等。

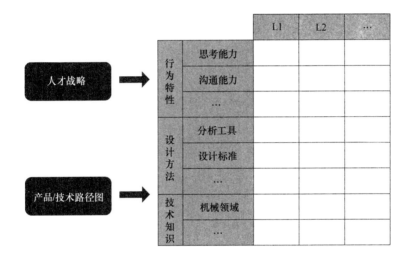

[梳理必要知识和技能，更有效培养开发人才]

99 开发人员行为特性的可视化——人才的 PMTLC 判定

在技能图谱中已经提到了行为特性,本节中对行为特性进行更深入的探讨。开发者要胜任岗位,做出有成果的产品开发,需要具备以下 4 个能力要素:知识、技能、行为特性和意识理念。技术能力(知识)和分析能力(技能)是容易被感知或可观察的,运用这些知识和技能去创造成果,需要的是行为特性,所以可以说行为特性是驱动知识和技能转化为成果的源泉,是十分重要的一个要素。为了把开发人员的行为表现可视化,需要确定行为特性的具体内涵,PMTLC 就是对人才的这些特性进行综合定义的一个工具。

PMTLC 将开发人员所需的行为特性定义为职业化心态、动机、团队合作、领导力、沟通能力五项,PMTLC 是这五项特性的英文名称首字母。通过对这五个项目的具体行为进行定义,并利用这些标准考核评价开发人员,就能更容易地判断其行为特性,并将结果反映在技能图谱中,推进人才发展。在下面的表中,5 个项目被分解为 26 种行为。通过这 5 项 26 种行为,可以明确各行业开发人员的行为特性,读者可以参考使用。

要点:
- 开发者胜任力包含 4 个要素:知识、技能、行为特性和意识理念。

- 要实现成果，不仅仅需要知识和技能，行为特性也很重要。

职业化心态	是否有这样的追求，致力于创造有价值的成果、产品或服务？
	在工作中是否了解客户对你所负责的产品和服务的要求？
	在工作中是否常常考虑对相关部门的影响？
	是否了解公司和竞争者的优势和劣势？
	是否带着好奇心和求知欲去了解自己专业领域之外的产品和服务？
	是否有一个可以在工作中使用的、首屈一指的专业技能或知识？
团队合作	是否尝试信任其他伙伴？
	是否主动与业务伙伴交流信息，而不制造障碍？
	是否了解自己和团队成员的特点和角色？
	是否被其他成员所信任？
	是否了解自己组织中利益相关者的利害关系？
	是否能够与自己的伙伴紧密团结，共同实现目标？
领导力	是否带着激情和使命感来处理自己的日常工作？
	在日常工作中，是否努力对自己周围的人起到积极的影响？
	是否能够向周围的人传达自己的想法或意图，并获得他们的支持与协作？
	是否有一个共同的目标来团结所有成员？
	是否能够与周围的人分享自己每天的成功体验和适度的紧迫感？
	是否能够迅速地做出判断和决策，以便于他人行动？
动机（积极性）	对自己的工作、产品或服务有激情吗？
	在自己目前的工作中找到价值了吗？
	是否积极地推进目前的工作？
	是否能对自己的行为进行反思，发现问题，并采取行动解决？
	是否在积极主动地挑战未知领域？
沟通能力	是否不仅试图理解对方所说的内容，而且还试图理解他们的背景？
	是否试图以一种易于他人理解的方式来传达自己的意见？
	是否能够与参与业务的相关人员充分沟通？

[5 项 26 种行为的 PMTLC 判定]

参考文献

『能力構築競争——日本の自動車産業はなぜ強いのか』藤本隆宏著、中央公論新社、2003

『創造性とは何か』川喜田二郎著、祥伝社、2010

『発想法——創造性開発のために』川喜田二郎著、中央公論新社、1967

『「Sカーブ」が不確実性を克服する―物理学で解く2000年の経営』セオドア・モディス著、東急エージェンシー出版部、2000

『アンゾフ戦略経営論新訳』H・イゴール・アンゾフ著、中央経済社、2007

『技術経営の常識のウソ』伊丹敬之著、日本経済新聞出版社、2010

『システム×デザイン思考で世界を変える慶應SDM「イノベーションのつくり方」』前野隆司編著、日経BP社、2014

『アントレプレナーの戦略思考技術―不確実性をビジネスチャンスに変える』リタ・マグレイス、イアン・マクミラン著、ダイヤモンド社、2002

『体系的技術革新（TRIZ実践と効用）』ダレル・マン著、創造開発イニシアチブ、2004

『ペルソナ戦略――マーケティング、製品開発、デザインを顧客志向にする』ジョン・S・プルーイット著、ダイヤモンド社、2007

『実践的QFDの活用―新しい価値の創造日科技連品質機能

展開研究会 10 年の成果』赤尾洋二、吉沢正監修、新藤久和編集、日科技連出版社、1998

『システムズモデリング言語 SysML』サンフォード・フリーデンタール、アラン・ムーア、リック・スタイナー著、東京電機大学出版局、2012

『開発・設計における"Q の確保"―より高いモノづくり品質をめざして』日本品質管理学会中部支部産学連携研究会編集、日本規格協会、2010

『トヨタ式未然防止手法 GD3―いかに問題を未然に防ぐか』吉村達彦著、日科技連出版社、2002

『実務入門ヒューマンエラーを防ぐ技術』東京電力技術開発研究所ヒューマンファクターグループ著、河野龍太郎編集、日本能率協会マネジメントセンター、2006

结 束 语

有时会有从事开发领域的人问我们：到底应该在多大程度上将产品开发可视化，这个尺度很难把握。这个问题的答案是这不在于你，而在于你能为企业做贡献的力所能及的范围（在各种约束条件下）。这听起来像是一个理所当然的答案，但要知道每个开发项目都受到时间、成本和其他各种条件的制约，要根据你的立场和角色以及工作职责范围，确定具体的可视化项目和详细程度。

此外，我们不可能将所有项目都可视化，而且这样做也没有意义。通常，MBA 的思维方式认为，除非量化和可视化，否则事情是没有意义的，但在开发业务领域，这可能会抹杀开发工作的善与美。开发是一项有时间节点的任务，如果不在一定时间内完成，努力就会付诸东流。如果你过度追求并专注于正确且详细的可视化，那很有可能错过开发的最后期限，最终本末倒置。

我们想提醒读者的是，可视化的目的不是为了"可视化"，而是通过相关人员使用"可视化工具"，推进工作更加顺畅开展。我们真诚地希望读者朋友们积极应用产品开发可视化工具，在预定的成本内，在保证质量的前提下，在预定的期限内，帮助大家开发出有市场吸引力的产品。

结 束 语

　　最后，我们要对日本能率协会管理中心的古田淳先生表示衷心的感谢，感谢他在本书的策划和编辑过程中给予的大力支持；我们还要感谢庆应义塾大学 SDM 研究生院的前野隆司教授在编写本书时给予的宝贵建议；同时感谢 ITID 咨询公司的伙伴们，在撰写本书时他们给予了充分的协助和配合。

图书在版编目（CIP）数据

产品开发可视化工具应用 99 招 /（日）北山厚,（日）星野雄一,（日）矢吹豪佑著；陈逸超译. —北京：机械工业出版社，2021.10
（日本专家创新企业管理书系）
ISBN 978-7-111-69311-6

Ⅰ.①产… Ⅱ.①北… ②星… ③矢… ④陈… Ⅲ.①产品开发过程 Ⅳ.①F273.2

中国版本图书馆 CIP 数据核字（2021）第 204499 号

机械工业出版社（北京市百万庄大街 22 号　邮政编码 100037）
策划编辑：李万宇　　责任编辑：李万宇
责任校对：梁　倩　　封面设计：马精明
责任印制：李　昂
北京中兴印刷有限公司印刷
2022 年 1 月第 1 版第 1 次印刷
148mm×210mm・7.75 印张・177 千字
0001—2500 册
标准书号：ISBN 978-7-111-69311-6
定价：58.00 元

电话服务　　　　　　　　　网络服务
客服电话：010-88361066　　机　工　官　网：www.cmpbook.com
　　　　　010-88379833　　机　工　官　博：weibo.com/cmp1952
　　　　　010-68326294　　金　书　网：www.golden-book.com
封底无防伪标均为盗版　　　机工教育服务网：www.cmpedu.com